Inácio Ciê

DIREITOS
CONSTITUCIONAIS FUNDAMENTAIS
DE CIDADANIA

OS DIREITOS NOSSOS DE CADA DIA

outubro / 2024

SUMÁRIO

INTRODUÇÃO, 6

1. Do direito de não ser discriminado, **10**

2. Do direito de igualdade entre as pessoas, **13**

3. Do direito de fazer alguma coisa ou deixar de fazê-la somente quando a lei determinar, **16**

4. Do direito de não ser submetido a tortura ou tratamento desumano, **18**

5. Do direito de manifestação do pensamento e vedação ao anonimato, **20**

6. Do direito de resposta proporcional ao agravo e de indenização por dano material e moral, **22**

7. Do direito à liberdade de consciência e de crença religiosa, **24**

8. Do direito de convicção filosófica ou política, **27**

9. Do direito de livre expressão da atividade intelectual, artística, científica e de comunicação, **29**

10. Do direito à intimidade, imagem e honra das pessoas, **31**

11. Do direito à inviolabilidade do domicílio, **32**

12. Do direito à inviolabilidade da correspondência e das comunicações telefônicas e telegráficas, **35**

13. Do direito de livre exercício do trabalho ou profissão, **37**

14. Do direito de acesso à informação, **38**

15. Do direito de locomoção no território nacional, **41**

16. Do direito de reunião, **43**

17. Do direito à liberdade de associação, **45**

18. Do direito de propriedade, **47**

19. Do direito à indenização por desapropriação, **49**

20. Do direito à indenização pelo uso da propriedade, **51**

21. Do direito à impenhorabilidade da propriedade produtiva, **52**

22. Do direito do autor sobre obra intelectual, **54**

23. Do direito de herança, **58**

24. Do direito do consumidor, **62**

25. Do direito de informação, **64**

26. Do direito de petição, **66**

27. Do direito de certidão, **68**

28. Do direito de ação por lesão ou ameaça a direito, **70**

29. Do direito de proteção ao direito adquirido, ao ato jurídico
perfeito e à coisa julgada, **73**

30. Do direito à inexistência de tribunais de exceção, **76**

31. Do direito ao julgamento pelo Tribunal do Júri nos crimes
dolosos contra a vida, **78**

32. Do direito de somente ser culpado se o crime e a pena
estiverem definidos por lei, **81**

33. Do direito à irretroatividade da lei penal, **83**

34. Do direito à responsabilidade pessoal da pena, **84**

35. Do direito à individualização da pena, **85**

36. Do direito de não ser condenado à pena de morte e outras
penas cruéis, **87**

37. Do direito ao cumprimento da pena de prisão
em estabelecimento distintos, **92**

38. Do direito de respeito à integridade física e moral quando
estiver preso, **93**

39. Do direito de permanência da mulher presidiária com o filho
durante a amamentação, **95**

40. Do direito de não ser extraditado, **96**

41. Do direito ao processo e julgamento por autoridade
competente, **99**

42. Do direito ao devido processo legal, **101**

43. Do direito ao contraditório e à ampla defesa no processo, **103**

44. Do direito a provas obtidas somente por meio lícito
no processo, **105**

45. Do direito de não ser culpado até o trânsito em julgado
da sentença, **107**

46. Do direito de não ser submetido à identificação criminal, **109**

47. Do direito à ação privada subsidiária da ação pública, **110**

48. Do direito à publicidade dos atos processuais, **112**

49. Do direito de ser preso somente em flagrante delito ou por
ordem escrita de autoridade judicial, **114**

50. Do direito à comunicação da prisão quando estiver preso, **118**

51. Do direito à informação dos seus direitos quando estiver
preso, **120**

52. Do direito à assistência familiar e jurídica quando estiver
preso, **122**

53. Do direito do preso à identificação dos responsáveis por sua
prisão, **123**

54. Do direito do preso ao relaxamento da prisão ilegal, **124**

55. Do direito do preso à liberdade provisória, **126**

56. Do direito de não ser preso por dívida, **128**

57. Do direito ao *habeas corpus* quando ameaçado de violência
ou coação, **130**

58. Do direito ao mandado de segurança para proteção do direito
líquido e certo, **132**

59. Do direito ao mandado de injunção na ausência de norma
regulamentadora, **135**

60. Do direito ao *habeas data* para o conhecimento de informação
ou retificação de dados pessoais, **138**

61. Do direito à ação popular para anulação de ato lesivo ao patrimônio
público, à moralidade administrativa, ao meio ambiente
e ao patrimônio histórico e cultural, **140**

62. Do direito à assistência jurídica pelo Estado, **142**

63. Do direito à indenização por erro judiciário, **144**

64. Do direito ao registro de nascimento e à certidão de óbito
e sua gratuidade, **146**

Referências, 148

DADOS BIOGRÁFICOS, 150

INTRODUÇÃO

Os Direitos Fundamentais, que são direitos essencialmente humanos, estão dispostos nos vários incisos do artigo 5º da Constituição Federal, e se travestem em **direitos de cidadania**, haja vista que todo e qualquer cidadão poderá deles se valer para garantir a sua dignidade e estabelecer a CIDADANIA no país; são direitos que os cidadãos podem reivindicá-los individual ou coletivamente a todo momento perante não somente os órgãos governamentais, como em relação às entidades privadas, de modo administrativo ou através da tutela do Poder Judiciário.

As **normas constitucionais de cidadania** são ferramentas que viabilizam o exercício pleno da cidadania, em um Estado Democrático de Direito.

Pode-se dizer que o direito de cidadania começa bem antes mesmo de alguém nascer (nascituro), e se estende durante o nascimento, segue pela infância, na juventude, no decorrer da idade adulta, da velhice e vai até a morte do sujeito.

Os direitos fundamentais ou direitos humanos, ou **Direitos de Cidadania**, ora constitucionalizados pela Carta Magna brasileira, têm como princípio básico a limitação do poder do Estado em face do cidadão, assim como, a proteção em relação às demais pessoas físicas ou jurídicas existentes.

Pode-se sintetizar o rol de **Direitos de Cidadania** contidos na nossa Constituição, da seguinte forma:

- Direito à liberdade de expressão
- Direito de proteção à privacidade
- Direito de proteção à personalidade
- Direito à informação
- Direito à maternidade
- Direito a uma infância digna
- Direito de proteção à adolescência
- Direito a um meio ambiente sadio
- Direito ao trabalho e salário justo
- Direito à alimentação
- Direito à saúde
- Direito à educação integral
- Direito à habitação

- Direito de assistência ao idoso
- Direito a uma aposentadoria
- Direito ao lazer
- Direito à cultura
- Direito à segurança

Saliente-se que é impossível existir cidadania sem que se tenha a proteção da **dignidade humana**. A cidadania é *"o reconhecimento dos indivíduos como pessoa integrada na sociedade estatal"*, no dizer do professor e jurista José Afonso da Silva. Por essa razão, os cidadãos têm seus direitos assegurados na Constituição Federal para que dessa forma possam assegurar a sua **cidadania** com dignidade. Nãoexiste cidadania em um país sem que seja garantida a **dignidade da pessoa humana**.

> (...) não há nação soberana sem que seus integrantes efetivamente exerçam e tenham respeitadas as premissas básicas de sua cidadania, ou seja, **um substrato mínimo de dignidade e respeito aos direitos individuais e sociais** expressamente reconhecidos no texto magno" (in: **Direito Constitucional**. Sylvio Motta e William Douglas. 5a ed. Impetus. 1999. p. 441). (GRIFO NOSSO).

Para os aludidos autores, existe cidadania em **sentido estrito** e em **sentido amplo**:

> (...) em sentido estrito, é a qualidade de ser eleitor e, em sentido mais amplo, abrangea inserção da pessoa na sociedade a que pertence, incluindo o vínculo de direitos e deveres entre uma pessoa e o Estado. Cidadão é quem está no gozo dos direitos políticos (...). (Sylvio Motta e William Douglas. Impetus. P. 120. 1999).

De ressaltar que o pleno gozo ou exercício desses direitos serão efetivados em parte pelos órgãos governamentais, tais como a educação e a assistência à saúde (cidadania passiva), e em parte vai depender da atitude a ser tomada pelo próprio cidadão em poder exigir o seu cumprimento pelas entidades públicas e privadas (cidadania ativa).

Os direitos por si só não asseguram a dignidade humana, tudo depende da ação do indivíduo para garanti-los.

Portanto, os **direitos de cidadania** elencados no presente trabalho, possibilitam a construção de uma sociedade mais justa, mais humana e mais democrática, podendo, como dito, os cidadãos agirem em conjunto ou individualmente para garanti-los. Nesse sentido, cogita-se de uma **visão panorâmica**dos direitos estabelecidos por nossa Carta Política, razão pela qual não tivermos a intenção de esgotar o conteúdo de cada tema estudado, até porque seria impossível, sendo nossa intenção levar ao cidadão o conhecimento básico dos seus direitos decidadão para assim exercer bem a sua CIDADANIA.

O texto ora elaborado apresenta uma linguagem de fácil compreensão, fugindo dos jargões jurídicos utilizados pelos operadores do direito (advogados, juízes, promotores, desembargadores, etc), posto que destinado aos leigos em matéria de direitos.

O AUTOR

1

DO DIREITO DE NÃO SER DISCRIMINADO[1]

Tem o homem ou a mulher, na condição de cidadão/cidadã, o DIREITOCONSTITUCIONAL de que ninguém tenha preconceitos a seu respeito, sejade origem, raça, sexo, cor, idade ou quaisquer outras formas dediscriminação. Caso isso aconteça, constitui crime que deve ser levado ao conhecimento das autoridades policiais ou judiciárias competentes, pelo que não terá o autor do fato nenhum direito à concessão de fiança, pois, sua conduta caracteriza **crime inafiançável**; significa afirmar, não comporta o pagamento de **fiança**, que é uma garantia dada pela lei penal para o acusado responder o processo em liberdade.

O texto constitucional repudia, portanto, toda e qualquer forma de **discriminação** (racial ou equivalente), que tenha como base a origem, a raça, o sexo, a cor, a idade e outras características pessoais, familiares ou sociais.

O Estatuto da Desigualdade Racial[2] fornece-nos algumas definições importantes:

1. **discriminação racial ou étnico-racial:** é toda distinção, exclusão, restrição ou preferência baseada em raça, cor, descendência ou origem nacional ou étnica que tenha por objeto anular ou restringir o reconhecimento, gozo ou exercício, em igualdade de condições, de direitos humanos e liberdades fundamentais nos campos político, econômico, social, cultural ou em qualquer outro campo da vida pública ou privada;

2. **desigualdade racial:** toda situação injustificada de diferenciação de acesso e fruição de bens, serviços e oportunidades, nas esferas pública e privada, em virtude de raça, cor, descendência ou origem nacional ou étnica;

3. **desigualdade de gênero e raça:** assimetria existente no âmbito da sociedade que acentua a distância social entre mulheres negras e os

---

[1] **Fonte legal:** Art. 3º, inciso IV, e Art. 5º, *caput*, da Constituição Federal de 1988.

[2] **Fonte legal:** Lei n º 12.288, de 20 de julho de 2010.

demais segmentos sociais.

O citado Estatuto estabelece que é dever do Estado e da sociedade garantir a igualdade de oportunidades, reconhecendo a todo cidadão brasileiro, independentemente da etnia ou da cor da pele, o direito à participação na comunidade, especialmente nas atividades políticas, econômicas, empresariais, educacionais, culturais e esportivas, defendendo sua dignidade e seus valores religiosos e culturais.

Poderão ser punidos, na forma da lei[3], todos quantos praticarem crimes resultantes de **discriminação** ou **preconceito** de raça, cor, etnia, religião ou procedência nacional.

Dessa forma, de acordo com a nossa legislação, quem impedir ou obstar o acesso de alguém, devidamente habilitado, a qualquer cargo da Administração Pública direta ou indireta, bem como das concessionárias de serviços públicos, ou mesmo à promoção funcional em tais entidades, por motivo de discriminação de raça, cor, etnia, religião ou procedência nacional, poderá vir a ser penalizado com uma **pena de reclusão de 2 (dois) a 5 (cinco) anos**.

Assim também, incorre na **pena de reclusão de 2 (dois) a 5 (cinco) anos** aquele que, por motivo de discriminação de raça ou de cor ou práticas resultantes do preconceito de descendência ou origem nacional ou étnica:

1. negar ou obstar emprego em empresa privada;

2. deixar de conceder os equipamentos necessários ao empregado emigualdade de condições com os demais trabalhadores;

3. impedir a ascensão funcional do empregado ou obstar outra forma debenefício profissional;

4. proporcionar ao empregado tratamento diferenciado no ambiente detrabalho, especialmente quanto ao salário.

Ficarão sujeitos às **penas de multa** e de **prestação de serviços à comunidade**, incluindo atividades de promoção da igualdade racial, quem, em anúncios ou qualquer outra forma de recrutamento de trabalhadores, exigir aspectos de aparência próprios de raça ou etnia para

---

[3] **Fonte legal:** Lei n. 7.716, de 5 de janeiro de 1989, alterada pela Lei n. 8.081, de 21 de setembro de1990, e Lei n. 9.459/97.

emprego cujas atividades não justifiquem essas exigências.

Ademais, quem recusar ou impedir acesso a estabelecimento comercial, negando-se a servir, atender ou receber cliente ou comprador, será penalizado com **pena de 1 (um) a 3 (três) anos de reclusão**.

Do mesmo modo, aquele que recusar, negar ou impedir, por discriminação, a inscrição ou ingresso de aluno em estabelecimento de ensino público ou privado de qualquer grau, será punido com **pena de reclusão de 3 (três) a 5 (cinco) anos**, agravando a pena com um 1/3 (um terço) a mais quando o crime for praticado contra menor de 18 (dezoito) anos.

Segundo o renomado constitucionalista José Afonso da Silva[4], o texto de nossa Carta Magna: *"(...) consubstancia, antes de tudo, um repúdio à barbárie tipo nazista que vitimara milhares de pessoas."*

Assevera ainda o citado jurista que:

(...) nele se encontra, também, o reconhecimento de que o preconceito de origem, raça e cor especialmente contra os negros não está ausente das relações sociais brasileiras. Disfarçadamente, ou não raro ostensivamente, pessoas de cor negra sofrem discriminação até mesmo nas relações com entidades públicas.

Somente a intimidação da norma jurídica (lei) e a elevação do nível educacional e cultural da nação brasileira será capaz de espancar, de uma vez por todas, os preconceitos e as discriminações historicamente incrustados no seio de nossa sociedade.

---

[4] SILVA, José Afonso de. **Direito Constitucional Brasileiro**.9ª ed. rev. e atual. São Paulo: MalheirosEditores, 1993.

2

DO DIREITO DE IGUALDADE
ENTRE AS PESSOAS[5]

Tem o homem ou a mulher, na condição de cidadão/cidadã, o DIREITOCONSTITUCIONAL à igualdade em relação a outras pessoas, sem distinçãode qualquer natureza, pois todos são iguals perante a lei. Nenhuma pessoa deverá ter mais privilégio do que outra.

O objetivo do direito de igualdade ou isonomia é não permitir quaisquerdiscriminações ou privilégios arbitrários de quem quer que seja.

Trata-se da **igualdade formal** que é a igualdade perante a lei ou jurídica. Essa isonomia, em sintonia com o atendimento de outros direitos sociais substanciais, dispostos nos demais dispositivos constitucionais, amenizará as disparidades e contribuirá para a concretização da sonhada **igualdade material ou real**, que objetiva reduzir as diferenças de condições econômicas e posições sociais existentes entre as pessoas, por intermédio da concessão de direitos sociais substanciais.

Apesar de tratar da igualdade de forma genérica, a Constituição destaca a **igualdade de gênero**, pela qual o homem e a mulher são iguais tanto em **direitos** quanto em **obrigações**, portanto, um não poderá ter mais direitos do que o outro.

Frise-se, por oportuno, que os filhos ilegítimos têm os mesmos direitos dos filhos legítimos.

Portanto, nenhuma pessoa poderá ter mais direitos do que outra, principalmente estando em equivalente situação jurídica, isto é, em situação idêntica em face da lei, principalmente no tocante aos direitos constitucionais que têm supremacia sobre os demais direitos (civis, trabalhistas, previdenciários, etc).

Como dito acima, o direito de igualdade, aqui tratado, diz respeito à igualdade de todos perante à lei, e tem origem no princípio da igualdade, também denominado de **princípio da isonomia**, que tem por

---

[5] **Fonte legal:** Art. 5º, caput, e inciso I, e Art. 227, § 6º, da Constituição Federal de 1988, e artigos daLei n. 8.560/92.

função **obstar discriminações de qualquer natureza e eliminar injustiças praticadas por quem quer que seja**.

O princípio da igualdade apresenta dois aspectos relevantes. O primeiro é o da **igualdade na lei** (neste caso o legislador ao fazer a lei não deve nela incluir fatores de discriminação). O segundo aspecto, é o da **igualdade perante a lei** (neste caso a lei já está em vigor e impõe aos órgãos dos poderes estatais – Executivo, Legislativo e Judiciário – que na aplicação da lei não causem nenhuma discriminação).

Considera-se princípio da igualdade, o princípio inserido no texto constitucional que visa garantir a igualdade, não somente dos que já estão em situações equivalentes ou iguais, como também nivelar os desiguais na medida de sua desigualdade, consoante os ensinamentos de Aristóteles, filósofo grego, e de Rui Barbosa, jurista brasileiro. Esse entendimento de igualdade tem sido acatado pelo Supremo Tribunal Federal em suas decisões judiciais[6].

Para assegurar a igualdade ou isonomia entre as pessoas, a Constituição Federativa do Brasil procura chancelar os direitos dos menos favorecidos ou minorias, ou dos mais vulneráveis: crianças e jovens em relação aos adultos; mulheres em relação aos homens; idosos em relação aos mais jovens; homossexuais em relação aos heterossexuais; deficientes físicos em relação aos ditos normais; negros em relação aos brancos, índios em relação aos demais homens; trabalhadores em relação aos patrões, etc.

Nesse aspecto, a Constituição criou a denominada **discriminação positiva**, isto é, privilegia ou favorece os mais impotentes perante os que são social, econômica e politicamente mais fortes.

Dessa forma, por ser considerada pelos doutrinadores, como uma **Constituição garantista**, é que a nossa Lei Maior com vistas à igualdade de todos, garante ou assegura:

- a igualdade racial (art. 4°, VIII);

- a igualdade de gênero (art. 5°, I);

- a igualdade religiosa (art. 5°, VIII);

- a igualdade de idade (art. 5°, XXXII);

---

[6] **Fonte legal:** RT, 308:687

- a igualdade política (art. 14);

- a igualdade tributária (art. 150, II);

- a igualdade de acesso à justiça (art. 5º, XXXVII);

- a igualdade educacional (art. 205);

- a igualdade à saúde (art. 196);

- a igualdade à assistência social (art. 203);

- a igualdade de acesso aos bens culturais (art. 215);

- a igualdade entre os filhos (art. 227, § 6º).

Por assegurar ao cidadão esses inalienáveis direitos, a nossa Lei das Leis, ou seja, a nossa Constituição, por si só, não faz com que todos obedeçam aos seus preceitos e tais direitos sejam respeitados socialmente. É imprescindível que o próprio cidadão, uma vez sofrendo a negação desses inalienáveis direitos, ou a desigualdade jurídica, socorra-se dos ditames das aludidas normas constitucionais, e faça valer o que nela lhe está assegurado.

DO DIREITO DE FAZER ALGUMA COISA OU DEIXAR DEFAZÊ-LA SOMENTE QUANDO A LEI DETERMINAR[7]

Tem o homem ou a mulher, na condição de cidadão/cidadã, o DIREITOCONSTITUCIONAL de somente **fazer alguma coisa ou deixar de fazê-la quando a lei assim o determinar**. Fora da lei nenhuma pessoa é obrigadaa fazer ou deixar de fazer qualquer coisa, ainda que a ordem emane de autoridade competente (delegado de polícia, promotor de justiça, juiz de direito, prefeito, etc).

Nenhum cidadão está compelido ou obrigado a **fazer algo** ou a **não fazer** sem o amparo da lei. Toda ação forçada fora da lei é arbitrária ou ilícita, e por isso não tem o respaldo do Poder Judiciário que é órgão julgador.

Trata-se do **Princípio da Legalidade** ou de obediência à lei. A finalidade essencial desse princípio é a **limitação do poder do Estado**, ou seja, dos órgãos pertencentes às entidades federativas: Municípios, Estados-membros, Distrito Federal e União (Governo Federal).

De ressaltar que estamos em um **Estado Democrático de Direito**, e por esse motivo, a lei torna-se o senhor da razão, portanto, não prevalece a vontade dos homens, mas sim, **a vontade da norma jurídica**, a vontade da lei. Na esfera pública **só se faz o que a lei determina**; diferentemente do que acontece na esfera privada, que **se faz o que a lei não proíbe**.

Pelo **princípio da legalidade**, a lei se torna a expressão da vontade geral (vontade de todos e por todos, governantes e governados); ela deve ser obedecida sob pena de a sociedade definhar, ou seja, tornar-se um caos, a dar ênfase às palavras de Tomas Hobbes: "o homem é o lobo do homem".

Se existe alguém ou algum poderoso que descumpra a lei e não chega a ser punido, a culpa não está na lei em si, mas na vulnerabilidade (fraqueza) dos órgãos encarregados de fazer cumprir a vontade da norma legal, devendo a sociedade organizar-se para cobrar o que está escrito ou contido na lei.

---

[7] **Fonte legal:** Art. 5º, inciso II, da Constituição Federal de 1988.

É por esta e outras razões que o princípio da legalidade é fundamental para o livre e salutar exercício da liberdade das pessoas, pois é ele que protege o indivíduo contra a tirania, a prepotência, o autoritarismo e os mandamentos arbitrários dos governantes.

O **princípio da legalidade** tem por perspectiva refrear o poder dos órgãos governamentais, com vistas a impedir o arbítrio ou abuso de poder.

Nas lições dos juristas Dirley da Cunha Jr. e Marcelo Novelino:

> O princípio da legalidade tem como objetivo limitar o poder do Estado impedindo sua utilização de forma arbitrária. Para isso, a Constituição confereao Legislativo, órgão máximo de expressão da vontade popular, a função precípua de criar leis, as quais devem ser pautadas pelo critério da razoabilidade e elaboradas em conformidade com os preceitos constitucionais.[8]

Ainda assim, mesmo estando refreados pelo princípio da legalidade, os abusos cometidos pelos agentes do Estado são corriqueiros, imagine se nãohouvesse a limitação do poder estatal pelos preceitos constitucionais.

Saliente-se, finalmente, que é **crime de constrangimento ilegal** obrigar que alguém faça (ou pare de fazer) alguma coisa sem que esteja prevista na lei, mesmo estando em estado de subordinação.

---

[8] CUNHA, Jr., Dirley da; NOVELINO, Marcelo. **Constituição Federal**. Teoria, Súmulas, Jurisprudência e Questões de Concursos. Salvador: Editora JusPODIVM, 2010, p. 29.

DO DIREITO DE NÃO SER SUBMETIDO A TORTURA OU TRATAMENTO DESUMANO[9]

Tem o homem ou a mulher, na condição de cidadão/cidadã, o DIREITO CONSTITUCIONAL de não ser submetido à tortura nem a qualquer tratamento desumano ou degradante, por menor quer seja. Ressaltando que a proteção a esse tipo de constrangimento na atualidade tem amparo não somente nas normas constitucionais (superiores às demais leis), mas também infraconstitucionais (inferiores à Constituição), que o define como **crime inafiançável** (crime que não comporta o pagamento de **fiança** para que o infrator possa responder ao processo em liberdade).

Toda pessoa, independentemente da cor, da idade, do sexo, da condição econômica, política ou social, não importa quem seja, possui uma dignidade, conhecida entre os que lidam nos meios jurídicos como **dignidade da pessoa humana**. A dignidade faz com que o indivíduo não possa ser molestado ou violentado no seu **direito de personalidade**, devendo a sua integridade física e moral ser respeitada e plenamente preservada.

Daí qualquer atitude tomada, por parte dos órgãos estatais ou mesmo de outros indivíduos nas relações sociais, no sentido de cometer **tortura** ou algum **tratamento desumano ou degradante**, deverá ser considerada criminal, pelo que os seus responsáveis serão devidamente penalizados em conformidade com lei penal.

A legislação pertinente[10], define como crime de tortura, todo aquele que tem o intuito de **"constranger alguém com emprego de violência ou grave ameaça, causando-lhe sofrimento físico ou mental"**.

É importante destacar que o Superior Tribunal de Justiça (STJ) já decidiu que a imposição do **uso de algemas** ao réu, pela Polícia, pode caracterizar afronta aos princípios de respeito à integridade física e moral do cidadão, devendo ser analisada e concretamente demonstrada a **periculosidade do indiciado** (suspeito do crime).

Da mesma forma, o Supremo Tribunal Federal (STF), por meio da decisão que redundou na edição da **Súmula Vinculante n. 11**, chegou

---

[9] **Fonte legal:** Art. 5º, caput, e inciso III, da Constituição Federal de 1988.

[10] **Fonte legal:** SÚMULA VINCULANTE N. 11/STF.

a pacificar o entendimento de que somente é lícito o uso de algemas pela polícia nos casos de **resistência** ou de **fundado receio de fuga** ou de **perigo à integridade física própria ou alheia**, por parte do preso ou de terceiros.

É o que se depreende da redação da prefalada Súmula Vinculante:

Súmula Vinculante 11: Só é lícito o uso de algemas em casos de resistência e de fundado receio de fuga ou de perigo à integridade física própria ou alheia, por parte do preso ou de terceiros, justificada a excepcionalidade por escrito, sob pena de responsabilidade disciplinar, civil e penal do agente ou da autoridade e de nulidade da prisão ou do ato processual a que se refere, sem prejuízo da responsabilidade civil do Estado.

Tal entendimento tem respaldo na Constituição brasileira que se preocupa com o mínimo de respeito que o Estado deve ter ao cidadão, quando da constrição da sua liberdade individual.

Nem sempre a gravidade do delito praticado, justifica o uso de algemas pela Polícia. Apesar da **gravidade do crime**, sem qualquer razão ou lógica jurídica, a Lei 9.455/97 permite ao condenado por crime de tortura que o juiz lhe conceda a **progressão de regime prisional**, pela qual o apenado iniciará o cumprimento da pena no **regime fechado**, passando ao **regime semiaberto**, e finalmente pagando o restante de sua pena no **regime aberto**.

O ser humano não pode ser tratado como um meio para se atingir um fim específico por seus iguais, ainda mais quando é posto sob condições desumanas ou degradantes, sendo essa a razão de o preceito constitucional preservar a integridade física e psíquica dos cidadãos, protegendo-os de tais investidas descivilizadas e repugnantes. O Estado deve dar proteção a todos, inclusive aos que podem ser vítimas de crime, mas uma vez ocorrido este, não pode ser um agressor, e sim, um protetor daquele que está sob os seus cuidados em razão da prática de um crime.

O objetivo da norma constitucional é proteger um outro bem maior, qual seja, a **dignidade da pessoa humana**, independentemente da conduta individual das pessoas.

DO DIREITO DE MANIFESTAÇÃO DO PENSAMENTO E VEDAÇÃO AO ANONIMATO[11]

Tem o homem ou a mulher, na condição de cidadão/cidadã, o DIREITO CONSTITUCIONAL de manifestação do seu pensamento, melhor dizendo, é o direito que a pessoa tem de se expressar da forma mais livre possível, da maneira como bem lhe convier, sem que sofra qualquer perseguição, violência moral ou física, de quem quer que seja, consistindono livre direito de falar, de dizer, de sugerir, de criticar ou de protestar, quer por escrito ou verbalmente.

Toda pessoa tem o direito de manifestar-se livremente, expressando o que pensa verbalmente ou por escrito, sem ser violentado ou punido pelo fato de externar o seu pensamento. Esse direito contribui para a **autonomia da pessoa humana**, libertando-a do jugo da dependência das ideias e dos dogmas estabelecidos na sociedade, inclusive, é oportuno dizer que é isso oque faz um país democrático.

A luta pelo direito de expressar o pensamento sem ser perseguido é bastante antiga. O direito de pensar livremente é um direito constitucional a que todos devem obediência, inclusive o Estado, por seus órgãos e seus dirigentes. No entanto, é proibido constitucionalmente o **anonimato**, que consiste na manifestação clandestina do pensamento, sem que se saiba quem é o seu autor.

A livre manifestação do pensamento tem por finalidade a construção dasociedade pluralista ou democrática que todos sonhamos e se ousa implantar no Brasil, como uma **cultura** a ser utilizada por todos, desde a promulgação da Constituição Federal em 05 de outubro de 1988.

Uma sociedade pluralista, segundo o jurista José Afonso da Silva, é a que *"respeita a pluralidade de idéias, culturas e etnias e pressupõe assim o diálogo entre opiniões e pensamentos divergentes e a possibilidade de convivência de formas de organizações e interesses diferentes da sociedade"*[12].

---

[11] **Fonte legal:** Art. 5º, caput, e inciso IV, da Constituição Federal de 1988.

[12] SILVA, José Afonso de. **Direito Constitucional Brasileiro**. 9ª ed. rev. e atual. São Paulo: Malheiros Editores, 1993.

No entanto, é importante frisar que a liberdade de pensamento não é **absoluta**, posto que não poderá causar **danos morais (pessoais)** ou **danos materiais** a outros cidadãos. Caso isso ocorra, poderá o prejudicado valer-se do Poder Judiciário para reclamar que lhe seja assegurado não somente o **direito de resposta**, com a mesma proporção do agravo sofrido, assim como, uma **indenização** pelos danos que lhe sejam causado. A liberdade de pensamento requer um mínimo de responsabilidade pelo que vai ser manifestado, pois o direito de falar pode se transformar em um dever de indenizar.

Ademais, é vedado o uso do direito de liberdade de pensamento com **identificação anônima**, isto é, sem **nome** ou **assinatura**, com **assinatura falsa** ou, quando verbal, sem qualquer **forma de identificação**. Não éválida a expressão escrita (texto impresso) ou oral (mídia gravada) sem a identificação do seu autor.

DO DIREITO DE RESPOSTA PROPORCIONAL AO AGRAVO E DE INDENIZAÇÃO POR DANO MATERIAL E MORAL[13]

Tem o homem ou a mulher, na condição de cidadão/cidadã, o DIREITOCONSTITUCIONAL de responder a qualquer tipo de acusação leviana ou crítica indevida a seu respeito, que chegue a atingir sua **moral** ou **imagem pessoal**.

O **direito de resposta**, assegurado na Constituição Federal, é **proporcional ao agravo sofrido**. Se a lesão moral se deu em veículo de comunicação (jornal, revista, televisão, rádio, redes sociais, etc) o cidadão deverá requerer perante a Justiça a devida **autorização** para promover a respectiva resposta.

Vale à pena repisar o que foi dito. A toda pessoa é assegurado o **direito de resposta**, proporcional ao agravo, quando ofendida indevidamente por outra, além da **indenização por dano material, moralou à imagem**.

Se alguém é violentado moralmente num meio de comunicação qualquer ou em uma reunião aberta (comício, ato público, sessão pública, etc), poderá valer-se desse direito para requerer o **direito de resposta** na mesma proporção da ofensa recebida, bem como, uma indenização pelos prejuízos morais sofridos, desde que a agressão verbal tenha maculado a sua moral ou imagem pessoal.

Portanto, além da resposta ao agravo sofrido o cidadão tem direito a uma **indenização** pelos danos morais e materiais que foram causados à suapessoa.

A matéria está regulamentada no inciso V do artigo 5º da Constituição Federal, que prevê a a **reparação dos danos** causados a um cidadão por outro, quando abatida a moral ou imagem do primeiro, não apenas por meio do **ressarcimento econômico** (pagamento em dinheiro), mas tambématravés do **direito de resposta** (desagravo).

Ora, a **dignidade da pessoa humana**, gênero do qual origina várias espécies de direito, tais como a proteção à personalidade, à

---

[13] **Fonte legal:** Art. 5º, *caput* e inciso V, da Constituição Federal de 1988.

intimidade, à privacidade, à preservação da integridade física, vale dizer, à honra (atributopessoal e privado) e à imagem (atributo público), deve ser a todo custo respeitada por todos, e por essa razão, quando o cidadão tem a honra ou a imagem violada, os seus agressores serão respondidos na mesmaproporção da agressão sofrida pelo ofendido.

O direito de réplica ou resposta possibilita à pessoa prejudicada amenizar os **efeitos negativos** tornados públicos pela ação indecorosa ou ilícita do ofensor.

Ressalte-se, contudo, que o autor da **ofensa**, jamais e por hipótese alguma, poderá negar o direito de resposta ao ofendido, sob pena de o fazendo, ser compelido pela Justiça a dar o direito de resposta a quem a sofreu e ser penalizado por desobediência à autoridade judiciária.

Nos termos da nossa Lei Suprema (Constituição), em casos de **ofensamoral** ao cidadão, para efeito do direito de resposta, deve-se obedecer ao **princípio da proporcionalidade**.

Em termos práticos quer isto dizer que o **desagravo** necessariamente terá a mesma dimensão do **agravo**. Em termos hipotéticos, se o agravo foi dado por meio de emissora de rádio ou televisão, o desagravo também terá de ser nesses mesmos veículos, no mesmo horário, com a mesma duração de tempo; se dado em recinto fechado ou aberto, a resposta será no mesmorecinto fechado ou aberto, conforme o caso; se por instrumento escrito(jornal, revista ou outro meio), a réplica também será por escrito, e em espaço do mesmo tamanho.

No entanto, imprescindível realçar que os efeitos negativos da ofensa, ainda que havendo o desagravo, não voltarão jamais ao *status quo ante*, isto é, ao seu estado inicial, pois sempre haverá um desinformado ou maldoso, obstinado a permanecer duvidando da veracidade dos fatos, estendendo aos cidadãos em geral a crença de que o ofendido realmente cometeu a conduta desonrosa divulgada pelo ofensor.

DO DIREITO À LIBERDADE DE CONSCIÊNCIA E DE CRENÇA[14]

Tem o homem ou a mulher, na condição de cidadão/cidadã, o DIREITO CONSTITUCIONAL de praticar uma religião, de ter a sua fé protegida pela Constituição e pelas leis do país. A liberdade de consciência e de crença religiosa é **sagrada**, e por isso, **inviolável**. Ninguém poderá praticar atos que tenham por finalidade impedir o livre exercício dos cultos religiosos ou a prática de qualquer religião, nem mesmo as autoridades policiais, judiciais ou eclesiásticas.

Nenhuma pessoa poderá ser violada na sua **liberdade de consciência**, ou seja, quando fizer adesão a certos valores morais ou espirituais, independentemente de ter conotação religiosa ou não, assim como, na sua **liberdade de crença**, que diz respeito normalmente à convicção da pessoa em coisas transcendentais, sejam elas quais forem.

Crer ou não crer em algo é um **direito subjetivo** da pessoa humana, pois a nenhuma pessoa é dado o direito de compelir outra a fazer acreditar no que ela acredita, ou não crer porque ela não acredita. E por esse motivo, é assegurada a plena liberdade no exercício dos cultos religiosos, ficando garantida a proteção dos locais destinados ao culto, bem como, a suas respectivas liturgias.

O direito à inviolabilidade de consciência e de crença é um modo de manter na sociedade o **pluralismo religioso**, em contraposição ao domínio de uma única concepção religiosa, e preservar a liberdade democrática.

Em sendo todos iguais perante a lei, sem distinção de qualquer natureza, e gozando do virtuoso direito de liberdade de consciência e de crença, seja ela qual for, não pode o cidadão sofrer perseguição ou discriminação pelo fato de praticar ou exercer uma doutrina religiosa, ou mesmo pelo simples fato de ter uma "fé" diferenciada dos demais.

A liberdade religiosa é uma forma de liberdade de pensamento restrita ao campo espiritual; é a plenitude da manifestação do pensamento voltada para uma fé, para a crença em um Deus ou algo

---

[14] **Fonte legal:** Art. 5º, *caput* e incisos VI, VII e VIII, da Constituição Federal de 1988.

que acredita ser supremo ao homem.

O impedimento do exercício de uma determinada religião ou crença constitui um verdadeiro desrespeito aos **princípios democráticos**, que têm como fundamento o pluralismo das ideias políticas, filosóficas e religiosas, chegando mesmo a causar o constrangimento da pessoa humana a sua proibição ou obstáculo.

Nenhum cidadão, de acordo com a nossa Constituição, terá os seus direitos privados por motivo de crença espiritual. Uma vez que é legalmente permitido a prática e convicção religiosa; logo nenhum direito do cidadão poderá ser cerceado em razão de professar e praticar a sua fé, desde que ele, cidadão, não alegue alguma crença para se furtar ou se omitir de fazer algo que todos os outros cidadãos estejam obrigado por lei.

Importante destacar o que diz o Inciso II do artigo 5º da Constituição Federal: **ninguém será obrigado a fazer ou deixar de fazer alguma coisa senão em virtude de lei.** Significa dizer, que até para se exercer uma doutrina religiosa deve o cidadão estar de acordo com a lei, não prevalecendo apenas a sua vontade ou a vontade de um pequeno grupo. Como hipótese, podemos citar a participação do cidadão no **serviço militar obrigatório**, no **sufrágio do voto**, no **serviço eleitoral** ou no **Tribunal do Júri**, que são situações legalmente impostas, delas ninguém podendo se eximir. Nenhuma convicção religiosa tem o condão, ou seja, a força de nos livrar desse encargo, mister ou ofício.

Portanto, ninguém, por hipótese alguma, será privado de seus direitos por motivo de crença religiosa, a menos que a invoque para eximir-se (furtar-se, negar-se, omitir-se) de **obrigação legal a todos imposta** ou **recusar-se a cumprir alguma prestação alternativa**.

Cabível assinalar que nos termos do Inciso VII do artigo 5º da Constituição: **é assegurada, nos termos da lei, a prestação de assistência religiosa nas entidades civis e militares de internação coletiva.** Por internação coletiva, entenda-se cadeias públicas, penitenciárias, superintendências de polícias, hospitais, ambulatórios, educandários, internatos e outros.

Portanto, de acordo com a norma constitucional supra, qualquer pessoa que se encontrar detida ou internada em alguma **entidade civil** (escola, hospital, internato, etc) ou numa **entidade militar** (quartel, penitenciária, cadeia pública, etc), de internação coletiva, tem direito a **prestação de assistência religiosa** de acordo com sua crença ou convicção.

Na ótica do citado comando legal, todos quantos estejam internados coletivamente têm direito ao amparo espiritual por intermédio da **assistência religiosa**, respeitada a pluralidade de credos, e, portanto, a vontade individual de não a receber por aqueles que pensam ao contrário ou não tenham nenhum interesse religioso.

Ninguém, por mais autoridade que detenha, poderá impedir a assistência religiosa nos locais de internação coletiva. Para efeito de melhores esclarecimentos, a assistência religiosa dá-se por meio da distribuição de livros, revistas e periódicos; orações, cultos ou palestras; exibição de filmes, dvds, retroprojetores, músicas, etc.

Apesar de a nossa Carta Cidadã (Constituição Federal) preservar e defender o livre exercício da prática religiosa, esta tem sua limitação imposta por lei, jamais podendo alguém ou qualquer grupo religioso comprometer, contrariar ou defender a extinção do sistema democrático, da nacionalidade, da soberania do Estado, do exercício da cidadania ou da separação dos poderes.

Outrossim, a prática religiosa não deve e não pode contrariar a **ordem pública,** a **tranquilidade** e o **sossego** das pessoas, e nem afetar os bons costumes.

A liberdade de religião não possui grau absoluto, e por isso, poderão os responsáveis responder pelos excessos praticados em nome de sua fé, tanto **civil** (com o pagamento de indenização ao prejudicado), como **criminalmente** (com a perda da liberdade ou pena restritiva de direitos).

Em suma, a Constituição oferece a liberdade de culto e de fé religiosa a todos os brasileiros, entretanto, tal liberdade deve estar submetida às próprias normas constitucionais, haja vista ser a Constituição a maior lei do país, motivo pelo qual todos estão a ela subordinados, até mesmo o Estado e seus órgão.

DO DIREITO DE CONVICÇÃO FILOSÓFICA OU POLÍTICA[15]

Tem o homem ou a mulher, na condição de cidadão/cidadã, o DIREITO CONSTITUCIONAL de não ver os seus direitos privados por motivos de convicção **filosófica** ou **política**, podendo, para tanto, pensar da forma que bem quiser, por escrito ou verbalmente, ou exercer a atividade política livremente como **cidadão-eleitor** ou como **cidadão-representante** do povo; direitos estes que conferem ao cidadão a possibilidade de filiar-se a uma agremiação partidária (Partido Político) de qualquer ideologia, e nela fazer militância política.

Nenhum cidadão poderá ser privado de seus direitos em razão da convicção filosófica ou política que defende. Havendo exceção da privação dos direitos, se o indivíduo se furtar às **obrigações impostas a todos pela lei**. Como exemplo, negar-se a participar na condição de jurado no Tribunal do Júri, dos serviços eleitorais, como mesário, em época de eleição ou de ser conscrito no serviço militar obrigatório, pois todos temos obrigação de servir à pátria.

O sujeito também poderá ser privado de direitos quando se **recursar a cumprir prestação alternativa** determinada por lei. Prestação alternativa é aquela direcionada a uma atividade diferenciada substitutiva da exigida legalmente, a exemplo, os serviços prestados em substituição do serviço militar obrigatório, em razão da alegação de **imperativo de consciência** por motivo de crença religiosa ou de convicção filosófica ou política. Nesse caso, respeita-se a convicção do cidadão, dando-lhe oportunidade de prestar os serviços de outra forma, como **prestação alternativa**. No entanto, se o mesmo se negar a cumprir tal atividade poderá ter os seus direitos políticos temporariamente suspensos.

No entanto, cabível destacar que a liberdade filosófica ou política está circunscrita e limitada pelas leis do país. **Não há liberdade plena ou de se fazer o que bem entende.**

Consoante frisou Montesquieu, filósofo francês, *"a liberdade é o direito de fazer tudo aquilo que as leis permitem"*. Afora isso, uma vez ignorada alei pelo cidadão, sua conduta torna-se **anarquia**; se pelo

---

[15] **Fonte legal:** Art. 5º, inciso VIII, da Constituição Federal de 1988.

Estado, atravésdas autoridades que o representam, torna-se **arbítrio**.

É consenso doutrinário, que o **homem público** pode fazer apenas o que a lei determina ou autoriza. Já o **particular** (cidadão) pode fazer tudo o que a lei não proíbe. A convicção filosófica ou política está delineada pela norma legal, isto é, pela lei. Não se pode ultrapassar seus marcos ou linhas divisórias.

Não pode alguém valer-se de suas convicções, quer de natureza filosófica quer de natureza política para omitir-se ou negar-se a certas obrigações estabelecidas por lei. É o caso do dever de **servir às forças armadas; de fazer parte do Tribunal do Júri ou mesmo participar do processo eleitoral**, quando devidamente convocado pelas autoridades competentes. Trata-se, portanto, de **obrigações a todos imposta**, até mesmo às próprias autoridades constituídas.

Em nenhuma dessas situações podemos nos esquivar, invocando nossas pretensões ou interesses filosóficos ou políticos pessoais.

De ressaltar que a recusa de cumprir as exigências legais, posto que de **interesse público**, acarreta a **perda dos direitos políticos positivos**, de acordo com os preceitos inseridos no art. 15, inciso IV, da Constituição Brasileira.

DO DIREITO DE LIVRE EXPRESSÃO DA ATIVIDADE INTELECTUAL, ARTÍSTICA, CIENTÍFICA E DE COMUNICAÇÃO[16]

Tem o homem ou mulher, na condição de cidadão/cidadã, o DIREITO CONSTITUCIONAL de expressar se livremente em qualquer atividade **intelectual**, **artística**, **científica** e de **comunicação**, sem sofrer restrição de qualquer natureza. O escritor, o jornalista, o poeta, o artista, o cientista, todos têm direito de produzir de forma livre e sem sofrer censura de qualquer natureza. Assim também, para o exercício de tais atividades não é necessário **licença** das autoridades policiais ou judiciárias.

Melhor esclarecendo, nenhum cidadão poderá ser impedido de expressar-se por meio de atividade **intelectual** (jornal, revista, livros, palestras, aulas, etc), **artística** (música, poesia, pintura, etc), **científica** (pesquisas de campo, bibliográfica, laboratoriais, etc) e de **comunicação** (rádio, jornal, TV, internet, etc).

O exercício dessas atividades independe de **licença** pelo Poder Público, e muito menos de **censura**. Significa dizer que os órgãos públicos não podem controlar a atividade intelectual, artística, científica ou de comunicação por hipótese alguma. Inobstante se alguém exercê-las para o mal, que venham a causar prejuízos ou danos a outras pessoas, responderáem conformidade com a lei, pelos atos prejudiciais ou danosos advindos de tais atividades.

No entanto, não se deve confundir a liberdade intelectual, artística e científica, dada pela Lei Suprema (Constituição), com o abuso ou arbítrio.Daí ser imprescindível que haja um mínimo de controle moral e democrático de tais atividades, pelos **órgãos governamentais** (administrativos) ou **judiciais** e pela **sociedade** (seguimentos sociais).

Não haverá, portanto, restrição de qualquer tipo, na manifestação do pensamento, na criação, na expressão e na atividade informativa, consoante determina o artigo 220 da Constituição da República, ressalvando-se,contudo:

---

[16] **Fonte legal:** Art. 5º, inciso IX, e Art. 220 e 221 da Constituição Federal de 1988.

- a vedação ao anonimato [art.5º, IV, CF];

- o direito de resposta proporcional ao agravo sofrido por alguém [art. 5º,V, CF];

- a inviolabilidade da intimidade, da vida privada, da honra, e da imagemdas pessoas [art. 5º, X, CF];

- a devida qualificação profissional na forma da lei [art. 5º, XIII, CF]; e,

- o resguardo do sigilo da fonte de informação [art. 5º, XIV, CF].

É imprescindível lembrar que, de acordo com o art. 221 da nossa CartaCidadã, a produção e a programação das **emissoras de rádio** e **televisão**, apesar da **liberdade de comunicação** que detêm, deverão obedecer aos seguintes **princípios**:

- preferência a finalidades educativas, artísticas, culturais e informativas;

- promoção da cultura nacional e regional, e estímulo à produção independente, que objetive a sua necessária divulgação;

- a regionalização da produção cultural, artística e jornalística, conformepercentuais estabelecidos em lei;

- respeito aos valores éticos e sociais da pessoa e da família.

Para o renomado mestre Uadi Lammêgo Bulos[17], *"A liberdade de expressar o pensamento é própria do Estado Democrático de Direito, não sesujeitando a qualquer tipo de censura ou licença prévia (CF, art. 5º, IX)"*.

No entanto, mesmo não se condicionando à censura ou licença, os órgãos públicos responsáveis estão obrigados a zelar pela **moralidade**, contendo ou vedando atitudes desrespeitosas, de divulgação de falsas notícias, **caluniosas**, **difamantes** ou **injuriosas**.

---

[17] BULOS, Uadi Lammêgo. **Direito Constitucional ao alcance de todos**. 3 ed. rev. e atual. SãoPaulo: Saraiva, 2011, p. 333.

DO DIREITO À INTIMIDADE, IMAGEM E HONRA DAS PESSOAS[18]

Tem o homem ou a mulher, na condição de cidadão/cidadã, o DIREITO CONSTITUCIONAL de não ser violado na sua intimidade, de ter a sua vida privada preservada, assim como, sua imagem e sua honra devem ser protegidas de todo e qualquer tipo de especulação ou exploração publicitária, originando, caso isso aconteça, a **indenização** pelos danos**morais** e **materiais** decorrentes de sua violação.

Busca-se, com isso, preservar o direito à privacidade das pessoas por outras (físicas ou jurídicas), de qualquer tentativa de violação, quer venha deoutros cidadãos, dos meios de comunicação (jornais, revistas, televisão, rádios, internet, etc), de empresas privadas ou mesmo dos órgãos estatais.

A **liberdade de expressão** encontra-se delimitada pelo respeito que sedeve ter à **privacidade das pessoas**.

A livre manifestação do pensamento, através da liberdade de expressão da atividade intelectual, artística, científica e de comunicação, que não pode sofrer os ditames da censura ou licença, exsurge refreadapelo direito inalienável e inatingível de privacidade.

A indevida intromissão na privacidade do cidadão fere a sua **dignidade**(honra), acarretando constrangimento pessoal e à sua família, que muitas vezes sofre mais com a violação do que mesmo o próprio ofendido.

Se é verdade que a **liberdade de manifestação do pensamento** está assegurada pela Constituição Federal, a quem dela queira fazer uso; assim também, não é menos verdade que é garantia constitucional o **respeito à privacidade do indivíduo**.

É salutar mencionar que a Constituição de nosso país em algumas situações **excepciona a si própria**. Nem sempre uma norma constitucional tem aplicação de forma **absoluta**. Se, por um lado, atribui direitos de forma ampla, pode restringir esses mesmos direitos por outro de maior relevância social.

---

[18] **Fonte legal:** Art. 5º, inciso X, da Constituição Federal de 1988.

DO DIREITO À INVIOLABILIDADE
DO DOMÍCILIO[19]

Tem o homem ou a mulher, na condição de cidadão/cidadã, o DIREITO CONSTITUCIONAL de não ter a sua casa violada por quem quer que seja, ainda que se cogite de uma **autoridade** (juiz, promotor de justiça, delegado de polícia, etc), posto que **ninguém nela poderá entrar sem consentimento do morador**, havendo exceção constitucional se, e somente se:

- nela estiver havendo um **flagrante delito** (prática de algum crime);

- nela estiver acontecendo algum **desastre**;

- for para **prestar socorro** em caso de algum acidente que esteja acontecendo em suas dependências;

- for durante o dia, por **ordem** ou determinação da **autoridade judiciária**.

Fora desses casos, ocorrerá o **crime de invasão a domicílio**, em conformidade com os comandos estabelecidos no Código Penal Pátrio.[20]

Importante salientar o que o texto constitucional menciona *"ninguém nela poderá entrar sem consentimento do morador"*. Não fala no proprietário ou dono, o que significa dizer que não importa quem seja o "dono do imóvel", mas quem nele reside sozinho ou com sua família. A proteção é assegurada ao "morador", ainda que a residência deste no imóvel seja temporária.

O comando estatuído no artigo 150 do Código Penal é claro quanto à vedação de invadir o domicílio:

Art. 150 - Entrar ou permanecer, clandestina ou astuciosamente, ou contra a vontade expressa ou tácita de quem de direito, em casa alheia

---

[19] **Fonte legal:** Art. 5º, *caput* e inciso XI, da Constituição Federal de 1988.

[20] **Fonte legal:** Art. 150 do Decreto-Lei n. 2.848, de 7 de dezembro de 1940 (Código Penal Brasileiro).

ou em suas dependências:

Pena - detenção, de um a três meses, ou multa.

....

§ 2º - Aumenta-se a pena de um terço, se o fato é cometido por **funcionário público**, fora dos casos legais, ou com inobservância das formalidades estabelecidas em lei, ou com abuso do poder (grifo nosso).

Nesse sentido, a Constituição e o Código Penal têm por finalidade assegurar a **proteção do domicílio**, evitando a sua violação.

Cabe destacar que o domicílio não se restringe a uma **casa residencial tradicional**. A sua definição constitucional tem sido interpretadade forma a ampliar o significado da palavra casa; podendo ser considerado como domicílio **qualquer compartimento habitado pela família**, ainda que temporariamente; um **abrigo coletivo**, ou até mesmo o **lugar onde se exerce a atividade profissional.**

O   § 4º do artigo 150 do Código Penal, define com bastante evidência o significado de **casa**:

Art. 150 – (...)
....

§ 4º - A expressão "casa" compreende:

I – qualquer compartimento habitado;

II - aposento ocupado de habitação coletiva;

III - compartimento não aberto ao público, onde alguém exerce profissão ou atividade.

Se houver necessidade de busca e apreensão de algo, ou a detenção ou prisão de alguém que esteja nas dependências do domicílio, a invasão deste, somente se faz, consoante dito acima, quando houver **autorização expressa da autoridade judicial** (juiz) e se for **durante o dia**. Entendendo- se como **dia** o período de tempo no qual o sol ainda está exposto, melhor dizendo, ainda não escureceu.

De ressaltar que, caso o fato ocorra durante a noite, fora dos casos expressos estabelecidos por lei (desastre, prestar socorro, flagrante delito), nem mesmo a Polícia pode penetrar na residência, somente durante o dia e com autorização do juiz.

DO DIREITO À INVIOLABILIDADE DA CORRESPONDÊNCIA E DAS COMUNICAÇÕES TELEFÔNICAS E TELEGRÁFICAS[21]

Tem o homem ou a mulher, na condição de cidadão/cidadã, o DIREITO CONSTITUCIONAL à inviolabilidade de sua **correspondência**, bem como, das comunicações **telegráficas** e **telefônicas**; aqui se entendendo os sistemas modernos, tais como as comunicações via internet de mensagens de WhatsApp, áudio ou vídeo.

Apenas poderá ocorrer a violabilidade das acimas citadas comunicações se, e somente se, por **autorização judicial**, nas hipóteses e na forma que a **norma infraconstitucional** estabelecer, e para os seguintes fins:

a)   investigação criminal;

b)   instrução de processos penais.

Ressalte-se que a **interceptação de comunicação telefônica** está regulamentada em Lei específica[22]. Sendo certo que na interceptação de comunicação telefônica os **interlocutores** (pessoas que estão se comunicando) não têm conhecimento da gravação realizada.

O direito constitucional da inviolabilidade da comunicação telefônica é relativo, pois, caso alguém esteja **acobertando alguma atividade criminosa** ou **contrária ao interesse coletivo**, a sua comunicação telefônica poderá ter o sigilo devidamente quebrado pela autoridade judiciária.

É entendimento de nossos colendos tribunais que a gravação magnética de ligações telefônicas, realizadas de maneira **clandestina**, não é legalmente permitida e **nem é meio moral legítimo de produção de provas no processo**. Isso ocorre porque a interceptação telefônica está condicionada à **reserva de jurisdição**, ou seja, a matéria deve ser

---

[21] **Fonte legal:** Art. 5º, *caput* e inciso XII, da Constituição Federal de 1988.

[22] **Fonte legal:** Lei n. 9.296, de 24 de julho de 1996.

submetida à análise do Poder Judiciário.

Ademais, na compreensão jurisprudencial se a interceptação for feita pelo **interlocutor da conversação**, a gravação constitui **meio de prova lícito e admissível no processo em que o mesmo é parte**.

O que não se permite legalmente é a interceptação operada por **terceiros** (pessoas estranhas ao diálogo) durante a comunicação, redundando esse fato na ocorrência de **ofensa ao sigilo das comunicações** e à **liberdade de manifestação do pensamento**.

DO DIREITO DE LIVRE EXERCÍCIO DO TRABALHO OU PROFISSÃO[23]

Tem o homem ou a mulher, na condição de cidadão/cidadã, o DIREITO CONSTITUCIONAL ao livre exercício de qualquer trabalho, ofício ou profissão, desde que sejam atividades com **qualificações profissionais autorizadas por lei**. Não podendo o cidadão exercer **atividades ilícitas**, ou seja, que a legislação não permita. A título de exemplo, não é permitido legalmente, a qualquer pessoa, exercer atividades que tenham como finalidade a propagação da **prostituição, tráfico de órgãos humanos** ou **de entorpecentes** (drogas).

Fica evidente, portanto, que de acordo com o texto constitucional, necessário se faz a edição de lei estabelecendo as qualificações profissionais permitidas, e segundo os julgados de nossos Colendos Tribunais, a mencionada lei não pode exigir requisitos discriminatórios ou abusivos ao exercício de qualquer trabalho, profissão ou ofício, sob pena de ferir-se o **princípio da igualdade**, já que, em tese, todos são iguais perante a lei. Sendo salutar, portanto, que a norma jurídica (lei) a ser editada apresente nexo lógico com as atividades ou funções a serem exercidas profissionalmente.

Ressalte-se que a **liberdade de profissão** abrange a livre atividade econômica (comercial, industrial, financeira, etc) e todas as formas de prestação de serviços.

A exigência de **qualificação profissional** para determinadas profissões é de fundamental importância, pois não se justifica um médico, advogado ou engenheiro exercer a sua atividade sem o devido diploma de curso de nível superior. Além do mais, a expressão **qualificação profissional** inclui a especialização para a qual o profissional optou. Não se admite, por exemplo, um médico cardiologista passar a fazer cirurgia plástica.

A nossa Lei Maior preconiza no inciso IV do artigo 1º, que um dos fundamentos da República Federativa do Brasil é o reconhecimento dos **valores sociais do trabalho e da livre iniciativa**. Esse fundamento está em sintonia com os preceitos ora em estudo que determinam ser livre o exercício de qualquer **trabalho, ofício** ou **profissão**.

---

[23] **Fonte legal:** Art. 5º, *caput* e inciso XIII, da Constituição Federal de 1988.

DO DIREITO DE ACESSO
À INFORMAÇÃO[24]

Tem o homem ou a mulher, na condição de cidadão/cidadã, o DIREITO CONSTITUCIONAL de acesso à informação sobre qualquer **assunto de interesse pessoal, acadêmico ou profissional**. Não podendo haver empecilho por parte das autoridades constituídas ou servidores públicos em fornecer as informações solicitadas, ressalvando-se as situações nas quais o acesso à informação possa atingir a **privacidade** ou **intimidade** de outras pessoas, de forma a comprometer a honra e a imagemdas mesmas.

Segundo Alexandre de Moraes,

> [...] mesmo em relação às pessoas públicas, a incidência da proteção constitucional à vida privada, intimidade, dignidade e honra permanece intangível, não havendo possibilidade de ferimento por parte de informações que não apresentem nenhuma relação com o interesse público ou social, ou, ainda, com as funções exercidas por elas. Os responsáveis por essas informações deverão ser integralmente responsabilizados.[25]

De ver que, se de um lado a Constituição assegura o direito à **liberdade de acesso à informação**, por outro, ela restringe essa liberdade quando se cogita da **privacidade** ou **intimidade** das pessoas ou mesmo de **segredo de justiça**[26] disciplinado por lei.

O direito de acesso à informação é um **direito fundamental** dos mais relevantes, que expressa o poder de qualquer cidadão de ter acesso à informação dos mais diversos assuntos: científicos, filosóficos,

---

[24] **Fonte legal:** Art. 5º, *caput* e inciso XIV, da Constituição Federal de 1988.

[25] MORAES, Alexandre. **Constituição do Brasil Interpretada e Legislação Constitucional.** São Paulo: Atlas, 2002, p. 252.

[26] **Segredo de Justiça.** É uma situação em que se mantém sob sigilo processos judiciais ou investigações policiais que geralmente são públicos. Isso ocorre quando há risco de expor informações privadas do réu ou do investigado e quando o processo contem documentos sigilosos, como escutas telefônicas e extratos bancários. (Disponível em: <https://www.google.com.br/8. Acesso em: 21 set. 2017).

religiosos, políticos ou culturais, assim como, acesso à informação dos atos e fatos praticados por outrem, de interesse da sociedade, a serem transmitidos pelacomunicação jornalística ou de imprensa.

Pode-se afirmar que é um direito abrangente, uma vez que se funda nodireito de alguém **obter uma informação** ou de poder **transmitir uma informação**, quer pessoalmente, quer no exercício da liberdade de imprensa.

Tratando-se de atividade profissional de interesse coletivo, tais como, ajornalística, a política, a jurídica e outras, uma vez conseguido o acesso à informação, o informado tem a garantia constitucional do **sigilo da fonte**, vale dizer, **não está obrigado a revelar quem lhe prestou a informação**, sendo, portanto, inviolável o **sigilo da fonte** no exercício profissional.

Portanto, é um direito do cidadão, assegurado constitucionalmente, o de não revelar o sigilo da fonte de informação, quando imprescindível ao exercício da profissão que exerce. A exemplo, citemos a fonte de informação de conhecimento dos advogados, médicos, jornalistas, repórteres, parlamentares e outros. Nenhum desses profissionais terão obrigação legal de desvelar a fonte da informação recebida, desde que a tenha obtido por meio da respectiva profissão.

Concernente ao **sigilo da fonte** o doutrinador Alexandre de Moraes esclarece-nos com muita precisão teórica:

A Constituição Federal, ao proclamar a inviolabilidade do sigilo da fonte, quando necessário ao exercício profissional, tem por finalidade garantir a todaa sociedade a ampla e total divulgação dos fatos e notícias de interesse público, auxiliando, inclusive, a fiscalização da gestão da coisa pública e pretendendo evitar as arbitrariedades do Poder Público, que seriamproporcionadas pela restrição do acesso às informações.[27]

Como se pode ver, o **sigilo da fonte** é uma garantia constitucional ao profissional que, no exercício de suas funções possa receber informações e não tenha que ser forçado a desvendar a fonte informativa.

O direito à informação abrange o direito de dar, receber e buscar informações. E os órgãos da Administração Pública têm a obrigação de informar aos cidadãos acerca das ações por eles implementadas.

---

[27] MORAES, Alexandre. **Constituição do Brasil Interpretada e Legislação Constitucional**. SãoPaulo: Atlas, 2002, p. 253.

A informação a ser prestada deve ser feita nos seus precisos termos, com veracidade e rapidez no seu atendimento.

O direito de acesso à informação e um **direito fundamental** dos mais relevantes, que expressa a submissão do Estado ao controle dos cidadãos.É um direito abrangente uma vez que se funda no direito de alguém **obter uma informação** do Poder Público, como o direito de poder-se **transmitir uma informação** (liberdade de imprensa).

DO DIREITO DE LOCOMOÇÃO NO TERRITÓRIO NACIONAL[28]

Tem o homem ou a mulher, na condição de cidadão/cidadã, o DIREITO CONSTITUCIONAL de poder locomover-se livremente em todo o território nacional quando **em tempo de paz**, podendo nele **entrar, permanecer** ou dele **sair** com seus bens, sem qualquer exigência fora dos casos fixados em lei.

Apesar de a Constituição Federal não vedar a entrada e saída de qualquer pessoa no território brasileiro, em tempo de paz, sem ou com os seus bens, de entender que esse **livre arbítrio** está condicionado aos ditames das **normas infraconstitucionais** pertinentes, ou seja, das leis queestão hierarquicamente abaixo da Constituição.

No entanto, com o fito de promover a **segurança nacional** e a **integridade do território brasileiro**, em tempo de guerra declarada, poderá haver a limitação do indivíduo ao seu **direito de livre locomoção**.

A liberdade é inerente à condição humana, não se podendo viver sem ela, e por essa razão, é um **direito essencialmente humano** dos mais relevantes, vindo logo depois do direito à vida, ninguém pode dela prescindir. Nem mesmo inexistindo lei que lhe assegure.

A liberdade, portanto, é um direito abrangente que envolve outros **direitos de liberdade** (liberdade de pensamento, de expressão, de culto religioso ou mesmo a liberdade política), assim como, a **liberdade de locomoção** (direito de ir, de vir, de ficar ou de permanecer em determinado lugar).

Pelo anteriormente narrado, pode-se inferir que o **direito à liberdade de locomoção** consiste no direito de se poder **ingressar, movimentar, permanecer** ou **sair** do território nacional, desde que em tempo de paz. Não importando se diga respeito a um **nacional** (cidadão brasileiro) ou a um **estrangeiro**, ainda que este não resida dentro dos limites de nossoterritório.

Contudo, a norma jurídica infraconstitucional, ou seja, a lei, em

---

[28] **Fonte legal:** Art. 5º, *caput* e inciso XV, da Constituição Federal de 1988.

complemento ao disposto no inciso XV do artigo 5º da Constituição Federal, poderá estabelecer **condicionamentos** ou **sujeições** que se façamnecessárias quanto ao ingresso e a circulação de pessoas e seus pertences no território brasileiro, posto que se cogita de uma **liberdade limitada pela lei**, e somente pela lei, não se admitindo a privação de tal direito de locomoção por atos abusivos ou arbitrários de autoridades públicas.

16

DO DIREITO DE REUNIÃO[29]

Tem o homem ou a mulher, na condição de cidadão/cidadã, o DIREITO CONSTITUCIONAL de, juntamente com outras pessoas, reunir-se de forma **pacífica** em locais públicos, contanto que obedeça a três exigências transcritas no texto constitucional:

- sem o **uso de armas** de qualquer espécie;

- seja feito antecipadamente um **aviso** à autoridade competente (Prefeito da cidade ou Secretário responsável pela organização urbana);

- **não frustre outra reunião** anteriormente convocada para o mesmolocal.

Afora tais exigências, não é necessária **autorização do Poder Público**para a realização da reunião, sendo bastante o **aviso prévio** à autoridade competente.

Não havendo outra reunião prevista e convocada anteriormente para o mesmo local, não há porque os interessados serem impedidos de promover a reunião pretendida.

A liberdade de reunião é um **direito individual de expressão coletiva**[30], nas palavras dos juristas Dirley da Cunha Jr. e Marcelo Novelino,por tratar-se de um **interesse coletivo** ou interesse de todos, contudo é um direito de cada pessoa poder se reunir com outras, de forma ordeira e pacífica nos espaços públicos, quer em prédios fechados ou abertos (praçasou logradouros).

O direito de reunião não é **absoluto**, devendo sua manifestação ser exercida com **razoabilidade**, estando, portanto, limitado por outros direitos de igual monta:

---

[29] **Fonte legal:** Art. 5º, *caput* e inciso XVI, da Constituição Federal de 1988.

[30] CUNHA Jr., Dirley da; NOVELINO, Marcelo. **Constituição Federal**. Bahia: JusPodivm, 2010, p.44.

- **liberdade de locomoção** de outras pessoas (artigo 5º, XV, da Constituição), que não devem ser impedidas de transitar no mesmo local.

- **direito ao sossego** das pessoas residentes próximas ao local da reunião (artigo 5º X e XI da Constituição).

- **decretação do "estado de defesa" ou do "estado sítio"** pelo Presidente da República (artigos 136, § 1º, I, a, e 139, IV, da Constituição), no caso de comprometimento da ordem social, pelo qual o direito de reunião de todos os cidadãos será **suspenso temporariamente**.

De perceber que, pelos preceitos supratranscritos, a nossa Lei Suprema – Constituição Federal –, consagra o direito de reunião, mas abre algumas exceções que contribuem para a limitação do seu pleno gozo ou exercício.

17

DO DIREITO À LIBERDADE DE ASSOCIAÇÃO[31]

Tem o homem ou a mulher, na condição de cidadão/cidadã, o DIREITO CONSTITUCIONAL de livremente associar-se a qualquer tipo de **associação**, contanto que, com **objetivos lícitos**, ou seja, honestos, morais, que não contrariem o direito, sendo extremamente proibida a associação com **fins paramilitares.**

Associação paramilitar consiste no grupo armado, fardado, com objetivos político-partidários, religiosos ou ideológicos, que atuam paralelamente às forças policiais e/ou militares de um país, agindo em desconformidade com a lei vigente[32]. Normalmente são **grupos terroristas** ou **milícias de guerrilha**, com objetivos predeterminados, que ameaçam o Estado democrático, a ordem política, os poderes constituídos ou a Administração Pública.

A Constituição Federal, no seu artigo 17, § 4º, fez constar que: *"é vedada a utilização pelos partidos políticos de **organização paramilitar**".*

Seguindo o mesmo diapasão, a Lei Orgânica dos Partidos Políticos (Lei n. 9.096/95), estabelece no seu artigo 6º: *"É vedado ao partido político ministrar instrução **militar** ou **paramilitar**, utilizar-se de organização da mesma natureza e adotar uniforme para seus membros".*

O direito de associação é considerado uma das formas de **organização coletiva**, equivalente aos sindicatos e partidos políticos.

Os cidadãos também são livres para criar associações, em conformidade com a lei. Para a criação de uma associação não é necessário a **autorização do Poder Público**, basta a vontade dos interessados e a elaboração da respectiva documentação.

Ressalte-se que é vedada a interferência do ente público (Estado) no funcionamento da associação, inclusive, podendo ela ser **dissolvida** ou ter as suas atividades **suspensas** somente por meio de **decisão**

---

[31] **Fonte legal:** Art. 5º, *caput* e inciso XVII, XVIII, XIX, XX e XXI, da Constituição Federal de 1988.

[32] Disponível em: < **http://www.dicionarioinformal.com.br/paramilitar/**>. Acesso em: 1 fev. 2015.

judicial. É o que se pode depreender dos comandos normativos fixados no artigo 5º, incisos XVIII e XIX da Constituição Federal.

Cabe destacar também que **ninguém poderá ser obrigado a associar-se ou permanecer associado em qualquer associação**, seja de que tipo for, consoante o determina o inciso XX do artigo 5º da Lei Maior.

Uma vez autorizada expressamente por seus membros, as entidades associativas poderão **representar** com legitimidade os seus **filiados** ou **associados** perante os órgãos do Poder Judiciário ou qualquer entidade do Poder Público, contanto que a representação diga respeito aos fins e interesses da própria associação.

18

DO DIREITO DE PROPRIEDADE[33]

Tem o homem ou a mulher, na condição de cidadão/cidadã, o DIREITO CONSTITUCIONAL de ser **proprietário**, isto é, ter o domínio e posse sobre a propriedade **material** ou **imaterial, móvel** ou **imóvel**, ou de outra natureza, sem que seja esbulhado, perturbado ou ameaçado na sua posse, devendo recorrer às vias judiciais próprias quando isso acontecer.

O acesso ao direito de propriedade encontra-se assegurado pela Constituição e pelas leis pertinentes, no entanto, para efeito do uso de tal direito, não pode haver a sua **utilização arbitrária** ou fora da lei.

O proprietário poderá valer-se das chamadas **ações possessórias**, para garantir o direito de propriedade, ou seja, da:

- **ação de manutenção de posse** (quando houver turbação na posse);

- **ação de reintegração de posse** (quando houver esbulho na posse);

- **interdito proibitório** (quando houver justo receio de ser molestado na posse; nesse caso há a iminência de haver turbação ou esbulho na posse).

De ressaltar que, mesmo se gozando legalmente do **direito de propriedade**, este, de acordo com a Constituição Federal, pode ser **limitado** em razão de:

- **requisição** civil ou militar, no caso de iminente perigo público.

- **desapropriação** pelo Poder Público federal, estadual ou municipal (ainda que contrária à vontade do dono).

- **confisco** para o assentamento de colonos ou cultivo de produtos alimentícios e medicamentosos, quando nela encontradas culturas ilegais de plantas psicotrópicas.

---

[33] **Fonte legal:** Art. 5º, *caput* e inciso XXII, da Constituição Federal de 1988.

- **usucapião** devido o desuso e abandono por determinado tempo da propriedade, seguida do uso temporário por outrem, sem que seja reclamada em tempo oportuno pelo seu dono.

Por outro lado, o direito de propriedade não é **absoluto**, pois está delimitado pela **função social**[34] de que trata o inciso XXIII da nossa Lei Suprema. Não basta ser proprietário, é preciso que se use a propriedade de forma a contribuir com o **desenvolvimento** e **bem-estar** da sociedade, tantoa urbana quanto a rural.

Sem pensar no **bem comum**, não há falar em função social da propriedade.

---

[34] **Fonte legal:** Art. 5º, *caput* e inciso XXIII, da Constituição Federal de 1988.

19

DO DIREITO À INDENIZAÇÃO POR DESAPROPRIAÇÃO[35]

Tem o homem ou a mulher, na condição de cidadão/cidadã, o DIREITO CONSTITUCIONAL de ser **indenizado** quando sua propriedade for desapropriada pelo Poder Público. Em tal caso, a propriedade sai da posse e domínio do particular e passa a ser do ente federativo que a desapropriou (União, estado ou município). Pode acontecer a desapropriação pelos entes governamentais na ocorrência de três situações fáticas:

- **necessidade pública:** quando o órgão público desapropriador está diante de um problema inadiável, **necessitando urgentemente** de incorporar o bem particular à Administração Pública. A exemplo, mencione-se a desapropriação para construção de uma ponte onde esteja havendo inundação no curso das águas e impedindo passagens de veículos e transeuntes.

- **utilidade pública:** quando o Poder Público, **sem urgência**, deseja organizar ou ampliar os setores administrativos). Como hipótese, podemos frisar o caso de desapropriação de um terreno ou casa para construção de uma secretaria de governo.

- **interesse social:** quando a entidade administrativa, diante dos interesses sociais ou da coletividade, procura melhorar o atendimento ao público. Cite-se como exemplo, a desapropriação de um terreno para construção de uma creche, escola ou posto médico.

A **indenização** a que aludimos acima, em consonância com a Constituição Federal, deve ser:

- **justa** (não pode ser aquém do valor do bem desapropriado e nem acima do seu real valor, ou seja, deve ser equivalente ao **valor venal**, compatível com o valor de mercado);

- **prévia** (antes do ato desapropriatório);

---

[35] **Fonte legal:** Art. 5º, *caput* e inciso XXIV, da Constituição Federal de 1988.

- **em dinheiro** (pagamento em espécie).

De ressaltar que, quando a propriedade não cumpre a sua **função social**, a indenização pela desapropriação não é feita através do pagamentoem dinheiro, mas sim, da seguinte forma:

- se **imóvel urbano:** o pagamento será em **títulos da dívida pública**, com emissão previamente aprovada pelo **Senado Federal**, com prazo de **resgate de até dez anos**, em parcelas, anuais, iguais e sucessivas, ficando assegurado o valor real da indenização, com juros legais.

- se **imóvel rural:** o pagamento será em **títulos da dívida agrária**, com cláusula de preservação do valor real, com prazo de **resgate em até vinte anos**, a partir do segundo ano da emissão do título.

Em sendo assim, a transferência de domínio ao expropriante somente ocorrerá após o **pagamento definitivo do preço** do bem desapropriado, muito embora poderá haver a **imissão imediata e provisória da posse**pela entidade pública (União, estado ou município que desapropriou), desde que efetue o depósito de parte do valor do imóvel, consoante estabelece a lei.

DO DIREITO À INDENIZAÇÃO PELO USO DA PROPRIEDADE[36]

Tem o homem ou a mulher, na condição de cidadão/cidadã, o DIREITO CONSTITUCIONAL, quando proprietário, de ser **indenizado**, no caso de **iminente perigo público**, quando as autoridades competentes (agentes políticos dos órgãos do Poder Executivo), por **requisição**, usar a propriedade particular por período de tempo determinado, se vier a ocorrer qualquer **dano** ao bem utilizado pelo ente público.

Entenda-se como iminente perigo público a situação fática prevista a acontecer, ou seja, uma inundação em evidência devido a chuvas torrenciais; um incêndio na iminência de haver explosão e outras ações previsíveis.

A indenização supra deve ser feita após a ocorrência do uso e consequentemente da apuração e constatação, pelo seu proprietário, do prejuízo que lhe foi acarretado. Caso não tenha havido dano ou prejuízo, não há falar em indenização, apesar do órgão governamental competente ter utilizado temporariamente o bem requisitado ao particular.

De anotar que há, nesse caso, o conflito de dois direitos em jogo, um do proprietário que possui o bem e tem a sua titularidade, não podendo ser espoliado dos bens que lhe pertencem; outro do Poder Público que tem assegurado pelas disposições contidas no artigo 5º, inciso XXV, da Carta Política Constitucional, o direito de requisitar a propriedade particular quando necessário à segurança da coletividade e do bem-estar social.

Ressalte-se que, em razão de estarmos num **Estado Democrático de Direito**, não se permite o **confisco arbitrário** de bens particulares pelo Estado, isto é, as entidades públicas não podem ter **a posse de bens do cidadão sem permissão legal**.

Em termos práticos, a Justiça brasileira tem reconhecido o direito de os Municípios requisitarem **leitos de hospitais** particulares para atendimento emergencial e temporário de enfermos.

---

[36] **Fonte legal:** Art. 5º, *caput* e inciso XXV, da Constituição Federal de 1988.

DO DIREITO À IMPENHORABILIDADE DA PROPRIEDADE PRODUTIVA[37]

Tem o homem ou a mulher, na condição de cidadão/cidadã, o DIREITO CONSTITUCIONAL, quando proprietário, de não ter a sua propriedade **penhorada**, para efeito de pagamento de débitos decorrentes de sua **atividade produtiva**, isto é, por débitos feitos pelo proprietário para aplicação na sua produção, desde que se trate de **pequena propriedade rural**, conforme defina em lei, e esteja sendo trabalhada pelo proprietário e sua família.

A norma constitucional protege a pequena propriedade da penhora, emface dos credores, em razão de débitos contraídos por seu titular, especificamente originados de sua atividade produtiva (agropecuária).

Se o débito tem origem diversa, que não a da **atividade produtiva** inerente à propriedade rural, possivelmente o imóvel poderá ser penhorado pelo credor.

A título de exemplo, um proprietário rural que se valeu de **empréstimos bancários** para investir no desenvolvimento da agricultura ou pecuária, no entanto, devido à ocorrência da seca ou chuvas torrenciais, nãoobteve sucesso na safra que esperava, e desse modo, ficou endividado perante o banco credor. Nesse caso seria uma grande injustiça a penhora de sua propriedade para pagamento da dívida, o que estimularia certamente o surgimento de mais um sem-terra ou trabalhador rural desempregado nas cidades grandes.

Nesse sentido, são exigidos três **requisitos básicos** para a garantia de impenhorabilidade da pequena propriedade rural:

- área territorial definida pela legislação como de pequena propriedade rural;

- ser a pequena propriedade trabalhada pela família para sustentopróprio;

- o débito ter origem na atividade produtiva da pequena propriedaderural.

---

[37] **Fonte legal:** Art. 5º, *caput* e inciso XXVI, da Constituição Federal de 1988.

De destacar que o direito à **impenhorabilidade** não pretende alimentara malandragem e a esperteza das pessoas, por isso mesmo, exige-se para efeito de sua garantia que a pequena propriedade esteja sendo trabalhada pela **família**, e não apenas unicamente por seu proprietário.

22

DO DIREITO DO AUTOR SOBRE OBRA INTELECTUAL[38]

Tem o homem ou a mulher, na condição de cidadão/cidadã, o DIREITO CONSTITUCIONAL, quando autor de uma **obra literária** (ficção, romance, poesia, ciências, filosofia ou outros conhecimentos teóricos), de com exclusividade, fazer **utilização**, **publicação** ou **reprodução** da mesma, e ainda, no caso de seu falecimento poder transmiti-la aos seus herdeiros durante o tempo que a lei determinar.

Considera-se autor a **pessoa física** criadora de obra literária, artística ou científica. O criador da obra intelectual poderá usar, como identificação de autoria, o nome civil (completo ou abreviado), o pseudônimo ou qualquer outro sinal que o identifique como autor.

Pela legislação pertinente, é titular de direitos autorais a pessoa que adapta, traduz, arranja ou orquestra obra caída no **domínio público**. De ressaltar que ninguém poderá reproduzir obra que não pertença ao domínio público, valendo-se do pretexto de anotá-la, comentá-la ou melhorá-la, sema devida permissão do autor.

O autor tem a faculdade de registrar a sua obra no órgão público a que se refere o §1º do artigo 17 da Lei n. 5.988, de 14 de dezembro de 1973.

A norma reguladora dos **direitos autorais** no Brasil é a Lei n. 9.610, de19 de fevereiro de 1998.

O referido diploma legal define **publicação** como o oferecimento de obra literária, artística ou científica ao conhecimento do público, com oconsentimento do autor, ou de qualquer outro titular de direito de autor, por qualquer forma ou processo; e **reprodução** como a cópia de um ou vários exemplares de uma obra literária, artística ou científica ou de um fonograma, de qualquer forma tangível, incluindo qualquer armazenamento permanente ou temporário por meios eletrônicos ou qualquer outro meio de fixação quevenha a ser desenvolvido.

A proteção às participações individuais em obras coletivas e à

---

[38] **Fonte legal:** Art. 5º, *caput* e inciso XXVII e XXVIII, da Constituição Federal de 1988, e a Lei n.9.610, de 19 de fevereiro de 1998.

reprodução da imagem e voz humana estão asseguradas em lei. Da mesma forma, a lei protege o **direito de fiscalização** pelo autor ou autores quanto aos resultados econômicos (rendimentos financeiros) originados com a reprodução das obras por eles criadas.

A norma supratranscrita, define **obra coletiva** como a que é criada por iniciativa, organização e responsabilidade de uma pessoa física ou jurídica, que a publica sob seu nome ou marca e que é constituída pela participação de diferentes autores, cujas contribuições se fundem numa criaçãoautônoma.

A proteção à participação individual em obras coletivas está assegurada também pela lei. E qualquer um dos participantes da obra coletiva poderá, valendo-se dos seus **direitos morais**, vedar a indicação ou anúncio de seu nome na obra coletiva, podendo ainda reclamar o direito à remuneração contratada, pois, pertencem ao autor tanto os direitos **morais** quanto os **patrimoniais** sobre a obra que inteligentemente criou.

Tratando-se de direitos autorais, consta do texto da Lei n. 9.610, de 19 de fevereiro de 1998, como **direitos morais** do autor os seguintes:

- o de reivindicar, a qualquer tempo, a autoria da obra.

- o de ter seu nome, pseudônimo ou sinal convencional indicado ou anunciado, como sendo o do autor, na utilização de sua obra.

- o de conservar a obra inédita.

- o de assegurar a integridade da obra, opondo-se a quaisquer modificações ou à prática de atos que, de qualquer forma, possam prejudicá-la ou atingi-lo, como autor, em sua reputação ou honra.

- o de modificar a obra, antes ou depois de utilizada.

- o de retirar de circulação a obra ou de suspender qualquer forma de utilização já autorizada, quando a circulação ou utilização implicarem afronta à sua reputação e imagem.

- o de ter acesso a exemplar único e raro da obra, quando se encontre legitimamente em poder de outrem, para o fim de, por meio de processo fotográfico ou assemelhado, ou audiovisual, preservar sua memória, de forma que cause o menor inconveniente possível a seu detentor, que, em todo caso, será indenizado de qualquer dano ou prejuízo que lhe seja causado.

Os direitos morais do autor são **inalienáveis** e **irrenunciáveis**.

As obras intelectuais, protegidas pela Constituição e pelas disposições inseridas na Lei n. 9.610, de 19 de fevereiro de 1998, são aquelas criadas pelo **espírito humano** que possam ser expressas por qualquer meio, conforme seguem relacionadas:

- os textos de obras literárias, artísticas ou científicas.

- as conferências, alocuções, sermões e outras obras da mesma natureza.

- as obras dramáticas e dramático-musicais.

- as obras coreográficas e pantomímicas, cuja execução cênica se fixe por escrito ou por outra qualquer forma.

- as composições musicais, tenham ou não letra.

- as obras audiovisuais, sonorizadas ou não, inclusive as cinematográficas.

- as obras fotográficas e as produzidas por qualquer processo análogo aoda fotografia.

- as obras de desenho, pintura, gravura, escultura, litografia e arte cinética.

- as ilustrações, cartas geográficas e outras obras da mesma natureza.

- os projetos, esboços e obras plásticas concernentes à geografia, engenharia, topografia, arquitetura, paisagismo, cenografia e ciência.

- as adaptações, traduções e outras transformações de obras originais, apresentadas como criação intelectual nova.

- os programas de computador.

- as coletâneas ou compilações, antologias, enciclopédias, dicionários, bases de dados e outras obras, que, por sua seleção, organização ou disposição de seu conteúdo, constituam uma criação intelectual.

Cabe anotar que os **programas de computação** se regem por

legislação própria, embora se aplica quanto aos mesmos, as disposições da Lei 9.610/98.

Os **direitos autorais** sofrem algumas limitações legais, não sendo considerado, portanto, ofensa aos mesmos a **reprodução** de:

- na imprensa diária ou periódica, de notícia ou de artigo informativo, publicado em diários ou periódicos, com a menção do nome do autor,se assinados, e da publicação de onde foram transcritos.

- em diários ou periódicos, de discursos pronunciados em reuniões públicas de qualquer natureza.

- de retratos, ou de outra forma de representação da imagem, feitos sob encomenda, quando realizada pelo proprietário do objeto encomendado, não havendo a oposição da pessoa neles representada ou de seus herdeiros.

- de obras literárias, artísticas ou científicas, para uso exclusivo de deficientes visuais, sempre que a reprodução, sem fins comerciais, seja feita mediante o sistema Braille ou outro procedimento em qualquer suporte para esses destinatários.

O titular de obra intelectual que tenha sido fraudulentamente reproduzida, divulgada ou utilizada indevidamente, poderá requerer a **apreensão dos exemplares reproduzidos** ou a **suspensão da divulgação**, sem prejuízo da **indenização** cabível.

A **sentença judicial condenatória**, nos termos do diploma legal supracitado, poderá determinar:

- a destruição de todos os exemplares ilícitos, bem como as matrizes, moldes, negativos e demais elementos utilizados para praticar o ilícito civil;

- assim como a perda de máquinas, equipamentos e insumos destinados a tal fim ou, servindo, eles, unicamente para o fim ilícito, sua destruição.

Em geral, aquele que editar obra literária, artística ou científica, sem autorização do titular, perderá para este os exemplares que forem apreendidos e pagar-lhe-á o preço dos que tiver vendido.

DO DIREITO DE HERANÇA[39]

Tem o homem ou a mulher, na condição de cidadão/cidadã, o DIREITO CONSTITUCIONAL, de ser herdeiro, vale dizer, de receber quaisquer bens ou direitos, de forma **legítima** (deixados por direito natural de herança para os filhos, pais, irmãos, etc), **testamentária** (através de **testamento**, quando se deixa parte da herança para uma pessoa ou pessoas determinadas, podendo ser, inclusive, pessoa fora da família) ou **legatária** (por meio de **legado**, que consiste em se deixar objetos de pequeno valor para alguém, também podendo ser o beneficiário pessoa que não seja da família).

O direito de herança corresponde ao **direito de sucessão**, ou seja, o direito de alguém suceder ao indivíduo que faleceu, vale dizer, substituí-lona propriedade dos bens e direitos que ele, falecido, deixou.

O direito de sucessão ou herança só surge pela *mortis causa* (causa da morte), uma vez que não se pode herdar de quem ainda não faleceu,pois **não existe herança de pessoa viva**.

Com a morte de uma pessoa, chamado *de cujus*, o patrimônio desta, passa para os **descendentes** (filhos, netos, bisnetos, etc), ou para os seus **ascendentes** (pais, avós, bisavós, etc), ou então, para o **cônjuge** (esposo ou esposa sobrevivente) ou **companheiro/companheira** (conviventes em união estável), que são, pela lei civil e decisão do STF, respectivamente, considerados como **herdeiros necessários**[40]. Podendo também ser passado para os irmãos, tios ou sobrinhos, que, por lei, **não são herdeiros necessários**.

Pela **linha sucessória**, que é a ordem natural das pessoas definidas pela norma jurídica civil como o direito de herdar, em primeiro lugar herdam os **descendentes** e o **cônjuge** do falecido; caso o falecido não tenha descendentes, herdam na sequencia os **ascendentes** e o **cônjuge**. Se não houver ascendentes, o **cônjuge** herdará sozinho.

Se também o *de cujus* não tiver cônjuge, sucessivamente, quem

---

[39] **Fonte legal:** Art. 5º, *caput* e inciso XXX, da Constituição Federal de 1988, disposições legais doCódigo Civil brasileiro e a Lei n. 9.610, de 19 de fevereiro de 1998.

[40] **Herdeiros necessários:** aqueles que, de acordo com a lei, o falecido tem a obrigação de deixar para eles parte da herança.

herdará são os **irmãos**, e na falta destes, os **sobrinhos**, e, finalmente, não existindo estes, os **tios**.

Quando o falecido não deixar herdeiros, os seus bens e direitos passarão para o **Município**, no qual se encontram localizados.

De ressaltar que o acervo da herança não se constitui apenas de bens materiais (casas, terrenos, apartamentos, fazendas, automóveis, dinheiro, etc), e sim, de uma **universalidade de direitos**, incluindo-se também na partilha **direitos autorais, ações de empresas, dívidas ativas e passivas**, enfim, tudo aquilo que diz respeito aos bens e direitos dos quais era titular o falecido.

Importa destacar que os direitos somente serão reconhecidos aos herdeiros após o pagamento das respectivas **dívidas** contraídas em vida e deixadas pelo autor da herança (pessoa falecida). Portanto, somente será partilhado o **patrimônio líquido**, ou seja, aquilo que sobrou depois de efetuado o pagamento de todos os débitos do falecido.

Algumas obrigações deixadas pelo falecido, por serem consideradas *intuitu personae*[41], isto é, **personalíssimas** (realizadas unicamente pela pessoa), não serão cumpridas pelos herdeiros, vale frisar, um cantor que firmou contrato de um show; um artista que firmou contrato de fazer uma obra de arte; um médico que firmou contrato de uma cirurgia; um advogado que firmou contrato de dar um parecer sobre um assunto qualquer. Todas essas obrigações são **obrigações de fazer infungíveis**, isto é, **insubstituíveis** do ponto de vista legal.

Com a morte do **autor da herança**, os bens e direitos passam automaticamente para a **propriedade** dos legítimos herdeiros. Os herdeiros passam a ser donos dos bens na sua **totalidade**. Ninguém terá direito a determinados bens ou direito de escolha de bens sem o consentimento dos demais herdeiros.

Todos serão donos de tudo ao mesmo tempo. Somente com a partilha do **acervo hereditário** (total de bens a ser partilhado), de **forma amigável** (nesse caso se todos os herdeiros forem maiores de idade), ou por **decisão judicial** (se houver desentendimento entre os beneficiários da herança ou mesmo existir herdeiro menor de idade), é que poderá cada herdeiro se apossar da parte que lhe toca na herança. Enquanto não, tudo pertencerá a todos, ninguém é mais dono do que o outro sobre tudo que o falecido deixou.

---

[41] **Personalíssimas:** somente a pessoa que assumiu o compromisso poderá cumpri-las.

Mencione-se que até à partilha, o direito dos co-herdeiros, no tocante àpropriedade e posse dos bens da herança, será considerado **indivisível**, e regular-se-á pelas mesmas normas relativas ao condomínio, nos termos do disposto no artigo 1.791 do Código Civil Brasileiro.

Os herdeiros podem **aceitar** a herança ou **rejeitá-la**, pois nenhuma pessoa é herdeira contra a sua vontade. Nesse caso, poderá **renunciar** a sua parte na herança em favor de uma ou mais pessoas, denominada de **renúncia translativa**, ou então renunciar para o **monte** (quantidade debens) a ser partilhado, denominada de **renúncia abdicativa**, e nesse último caso a sua quota-parte será dividida com igualdade entre os demais herdeiros. A renúncia da herança deve constar expressamente de instrumento **público** (escritura) ou **termo judicial** (declaração firmada perante o juiz competente para o inventário).

No entanto, nenhum herdeiro poderá ceder a sua quota hereditária a **pessoa estranha** à sucessão, caso outro herdeiro pretenda adquiri-la. Este último tem prevalência.

Os herdeiros ou legatários poderão ser **excluídos da sucessão** se vierem a cometer um **ato de indignidade**, ou seja, praticar um **ato criminoso**, ofensivo ou desabonador, de extrema gravidade, contra o **autor da herança** (falecido) ou mesmo em face de seus familiares.

Ficam, portanto, excluídos do recebimento da herança, nos termos da lei, todos aqueles que praticarem os seguintes atos criminosos.

- **homicídio doloso** ou **tentativa de homicídio**, seja como autores, co-autores ou partícipes do delito, e tenha sido praticado contra a pessoa do autor da herança, seu cônjuge, companheiro, ascendente oudescendente.

- **crimes contra à honra** (calúnia, difamação ou injúria), perante à Justiça, em relação ao autor da herança, ou mesmo em face de seu cônjuge ou companheiro.

- **violência ou meios fraudulentos**, com o intuito de inibir ou obstar o autor da herança de dispor livremente de seus bens por **ato de última vontade** (testamento).

Finalmente, importa frisar que serão legitimados para suceder, as pessoas **nascidas** ou já **concebidas** no momento da abertura da sucessão. Portanto, todos os nascidos (bebês) ou prestes a nascer (nascituros) no período de morte do **de cujus** serão herdeiras deste.

24

DO DIREITO DO CONSUMIDOR[42]

Tem o homem ou a mulher, na condição de cidadão/cidadã, o DIREITO CONSTITUCIONAL à plena proteção, além do amparo da lei infraconstitucional[43], por sua condição de consumidor. A Constituição é taxativa ao consignar no artigo 5º, inciso XXXII, que "o Estado promoverá, na forma da lei, a **defesa do consumidor**".

O sistema capitalista vigente, como se sabe, é fundado na **economia de mercado**, da qual o consumidor é a mola-mestra de seu mecanismo de funcionamento e desenvolvimento, devendo merecer toda proteção jurídica necessária, posto que na relação econômica ele, consumidor, é a parte mais**vulnerável** (fraca), correndo o risco de ser sempre lesado pelos fornecedores de produtos de consumo ou serviços postos no mercado.

As **regras de proteção ao consumidor** são de **competência concorrente** entre as esferas governamentais (União, Estados, Municípios e Distrito Federal), pois, todas essas entidades podem **legislar** (fazer leis) sobre o assunto visando a **defesa do cidadão** como consumidor que é, e responsabilizar aqueles que direta ou indiretamente venham a lhe causar **danos**.

Em havendo prejuízos de modo quantitativo, ou seja, a muitas pessoas, até mesmo o Ministério Público, em razão de suas funções institucionais de tutela dos interesses difusos e coletivos, poderá instaurar **inquérito civil** e ajuizar **ação civil pública** com o fito de responsabilizar todos quantos contribuam para os danos provocados ao consumidor.

Anote-se que nos termos da lei, os consumidores deverão ser plenamente esclarecidos sobre os **impostos** incidentes nas mercadorias e serviços por eles adquiridos.

As normas de proteção e defesa do consumidor são consideradas de **ordem pública** e de **interesse social**, motivo pelo qual tem total proteção da Administração Pública, nas esferas federal, estadual, municipal e distrital), Ministério Público e Poder Judiciário.

---

[42] **Fonte legal:** Art. 5º, *caput* e inciso XXXII da Constituição Federal de 1988.

[43] **Fonte legal:** Lei n. 8.078, de 11 de setembro de 1990 (Código de Defesa do Consumidor).

Finalmente, cabe informar que as **relações de consumo** de natureza bancária ou financeira, tais como empréstimos, financiamentos, cartões de crédito, aplicações bancárias, poupança, conta-corrente, seguros, cheque especial, etc) estão protegidas pelo Código de Defesa do Consumidor - CDC(Lei n. 8.078/1990), portanto, qualquer problema oriundo de fatos relacionados a contratos com instituição financeira (bancos, casas lotéricas, casas de câmbio, e congêneres) serão aplicadas as regras do CDC, segundo decisão proferida pelo Supremo Tribunal Federal, para, desse modo, assegurar-se o direito do consumidor.

25

DO DIREITO DE INFORMAÇÃO[44]

Tem o homem ou a mulher, na condição de cidadão/cidadã, o DIREITO CONSTITUCIONAL, de receber INFORMAÇÕES dos órgãos públicos de seu **interesse particular**, ou de **interesse coletivo ou geral** (interesse de todos), devendo a informação ser prestada no prazo da lei, sob pena de responsabilidade da pessoa encarregada de informar (autoridade, servidor público, etc), ressalvando-se aquelas informações cujo sigilo seja indispensável à **segurança da sociedade e do Estado**, pelo que neste caso deverá ser previamente justificada a negação em prestá-las.

O **direito fundamental de acesso à informação** está regulamentado e assegurado por norma jurídica específica (lei sobre a matéria).[45]

O direito à informação é também um **direito público subjetivo**, pelo qual todos os indivíduos poderão, em conjunto ou separadamente, dele valer-se livremente, para exigir as informações pretendidas, como decorrência do modelo de **sistema democrático** adotado no Brasil a partir de outubro de 1988, quando então ocorreu a **promulgação** da atual Constituição Federal.

O direito subjetivo de acesso à informação é indiscutivelmente um instrumento indispensável para assegurar a **fiscalização**, **transparência** e a**responsabilização** dos que estão à frente dos órgãos administrativos e entidades governamentais.

Nesse sentido, estão subordinados ao regime da citada norma jurídica,e portanto, **obrigados a prestar informações**:

- todos os órgãos públicos dos Poderes Executivo, Legislativo e Judiciário.

- as Cortes de Contas municipais, estaduais e federais.

- o Ministério Público.

---

[44] **Fonte legal:** Art. 5º, *caput* e inciso XXXIII, da Constituição Federal de 1988.

[45] **Fonte legal:** Lei n. 12.527, de 18 de novembro de 2011.

- as autarquias.

- as fundações públicas.

- as empresas públicas.

- as sociedades de economia mista.

Não somente estas, mas todas as entidades controladas direta ou indiretamente pela União, Estados, Distrito Federal e Municípios, têm obrigação de prestar informações.

Em sendo assim, infere-se pelo discorrido acima, que é dever do Estado, por seus órgãos ou entidades **garantir o direito de acesso à informação** a todos que tenham interesse em recebê-la, devendo ser prestada de forma ágil, transparente, clara e em linguagem de fácil compreensão.

Não atendendo ao pedido formulado pelo interessado, nos termos da lei, a pessoa responsável pelas informações ficará sujeita a **medidas disciplinares**, inclusive, poderá responder por **improbidade administrativa**, caso o ato de negação praticado não apresente uma motivação plausível.

De ressaltar que igualmente aos órgãos e entidades acima mencionados, as **entidades privadas sem fins lucrativos** que cheguem a receber **recursos públicos** para realização de **atividades de interesse público,** diretamente do orçamento ou mediante subvenções sociais, contrato de gestão, termo de parceria, convênios, acordo, ajustes ou outros instrumentos congêneres, formulados com os órgãos ou entidades do Poder Público, **estarão obrigados a fornecer quaisquer informações solicitadas pelos cidadãos** a respeito do recebimento e aplicação dosrecursos recebidos.

26

DO DIREITO DE PETIÇÃO[46]

Tem o homem ou a mulher, na condição de cidadão/cidadã, o DIREITO CONSTITUCIONAL de formular PETIÇÃO junto aos órgãos e entidades do Poder Público **em defesa de seus direitos** ou **contra ilegalidade ou abuso de poder**, independentemente de pagamento de qualquer taxa ou despesa.

Apesar do seu caráter essencialmente informal, a petição deve ser formalizada por **escrito**, não se permitindo petição verbal.

O direito de petição, originado do direito inglês, ou seja, do *right of petition*, nos idos de 1215, como se depreende, não é recente, apesar deter sido consagrado na Constituição Federal brasileira somente nos idos de 1988, quando então teve sua previsão expressa no texto da Carta Magna inglesa.

O direito de petição é um **direito público subjetivo**, e por que não dizer, um **direito fundamental** da maior importância para o cidadão adquirir informações, apresentar reclamações, e fazer denúncias de ilegalidades ou abuso de poder cometidos pelas autoridades ou responsáveis que estejam à frente da Administração Pública federal, estadual, distrital e municipal.

Ocorrendo lesão a um bem jurídico que afete a moral da pessoa, ou esta tenha interesse numa informação ou reclamação, tem ela o direito de peticionar junto a quem de direito (órgão ou entidade pública), desse modo, assegurando esse importante direito que, muitas vezes, repara situações antes de apelar-se para as vias judiciais.

O direito de petição tem uma dimensão universal ou **coletiva**, porque a todos diz respeito, e a todos interessa indistintamente.

Importante frisar que qualquer pessoa física ou jurídica, nacional ou estrangeira, pode exercer o **direito de petição** em nosso país, e por isso, peticionar (entenda-se, requerer por escrito) junto aos órgãos públicos dos três poderes da nação: Legislativo, Executivo e Judiciário, não sendo necessário o peticionário ter o curso de direito ou ser advogado para valer- se de tal **direito fundamental**.

---

[46] **Fonte legal:** Art. 5º, *caput* e inciso XXXIV, alínea "a", da Constituição Federal de 1988.

O **direito de petição** está intimamente ligado ao **direito de acesso à informação** que estabelece que *"todos têm direito a receber dos órgãos públicos informações de seu interesse ou coletivo ou geral"*, e, desse modo, visa assegurar o respeito pela lei e a Constituição, que deve existir permanentemente em um Estado Democrático de Direito.

O direito de petição pode ser utilizado com a **exclusiva finalidade** de **obtenção de certidão** (direito este constante da alínea "b" do artigo 5º, inciso XXXIV, da Constituição Federal), para defesa de direitos e esclarecimento de situações de **interesse pessoal** ou de **interesse público**, nos termos da Lei n. 9.051/1995 (lei de expedição de certidões).

O servidor público, a quem é dirigida a petição, não poderá jamais negar o **recebimento** da aludida petição, inclusive, tem o dever de pronunciar-se sobre o seu conteúdo no prazo legal, **deferindo-a** ou **indeferindo-a**, sob pena de não o fazendo cometer uma infração de natureza constitucional, por **omissão ou prevaricação**, que poderá ser corrigida por meio de **mandado de segurança**, podendo também incorrer em penalidades administrativas, civis ou criminais.

Consoante dito, o servidor responsável pela informação é livre para responder à petição, **deferindo** ou **indeferindo** a mesma, no entanto, é obrigado a recebê-la e sobre ela manifestar-se com arrimo nas normas jurídicas (leis pertinentes).

27

DO DIREITO DE CERTIDÃO[47]

Tem o homem ou a mulher, na condição de cidadão/cidadã, o **DIREITO CONSTITUCIONAL** de obter **CERTIDÕES** junto às **repartições públicas** das entidades federativas **diretas** (união, estados, municípios e distrito federal) e **indiretas** (fundações públicas, autarquias, empresas públicas e sociedades de economia mista), para:

- defesa de direitos.

- esclarecimentos de situações de interesse pessoal.

Nenhuma pessoa (cidadão/cidadã) pode ficar prejudicada em razão de **inércia** da autoridade administrativa, que por evidente **omissão** se negue a apreciar pedido de expedição de certidão em favor do requerente, uma vez que constitui um **direito público subjetivo individual ou coletivo**, assegurado pela Constituição Federativa do Brasil. Se trata de uma **direito constitucional fundamental** e a matéria está devidamente regulamentada por **lei ordinária**.[48]

Portanto, é mais que um **dever**, é uma **obrigação constitucional e legal**, o fornecimento de certidão pelos órgãos do poder público ao cidadão.

Consoante entendimento do Supremo Tribunal Federal:

- o direito à certidão traduz prerrogativa jurídica, de extração constitucional, destinada a viabilizar, em favor do indivíduo ou de uma determinada coletividade (como exemplo, cite-se a dos segurados do sistema de previdência social), a defesa (individual ou coletiva) de direitos ou o esclarecimento de situações.

- se presentes todos os pressupostos legitimadores da pretensão do requerente, não pode haver a **injusta recusa** pela autoridade representativa da entidade ou órgão governamental em fornecer a

---

[47] **Fonte legal:** Art. 5º, *caput* e inciso XXXIV, alínea "b", da Constituição Federal de 1988.

[48] **Fonte legal:** Lei n. 9.051, de 18 de maio de 1995.

certidão solicitada. Em isso ocorrendo, caracterizará a **ilegalidade** ou **abuso de poder**, pelo que poderá o requerente impetrar uma **ação de mandado de segurança** e valer-se dos auspícios do Poder Judiciário para garantir a emissão da aludida certidão pelo ente estatal, já que se cogita de **direito líquido e certo**.

- o direito à obtenção de certidão poderá ser negado quando a informação solicitada for **imprescindível à segurança da sociedade e do Estado**, tendo em vista que não é um direito **absoluto**, a considerar algumas disposições legais pertinentes.[49]

A emissão de certidão, conforme dito acima, tem o condão de assegurar a **defesa de direitos** e **esclarecimentos de situações de interesse pessoal**, não podendo ficar condicionada a sua expedição ao **pagamento de taxas** ao órgão público o qual se estar pleiteando.

No entanto, cabível destacar que o interessado na expedição da certidão, ao requerê-la não deve fazer **pedido genérico**, e sim, deve procurar discriminar de modo a esclarecer bem o objeto do seu pedido (requerimento), fazendo-se menção aos fins e razões do pedido.

De acordo com os ditames da Lei n. 9.051/95, as certidões deverão ser expedidas pelos órgãos das entidades públicas, no prazo improrrogável de **quinze dias**, a contar da data de protocolo do requerimento na repartição responsável pela sua emissão.

---

[49] **Fonte legal:** Lei n. 8.159, de 8 de janeiro de 1991.

28

DO DIREITO DE AÇÂO POR LESÂO OU AMEAÇA A DIREITO[50]

Tem o homem ou a mulher, na condição de cidadão/cidadã, o DIREITO CONSTITUCIONAL de acionar ou reclamar ao Poder Judiciário quando tiver qualquer direito LESADO ou AMEAÇADO por outrem. É o chamado **direito público subjetivo à inafastabilidade da jurisdição**. Com outras palavras, trata-se do chamado **princípio do livre acesso à Justiça**.

O direito de mover a máquina judiciária, nesse caso, é tão forte que a própria **legislação** infraconstitucional, isto é, a **lei**, não tem o condão de excluir a **apreciação** de uma ação judicial pela Justiça, caso ocorra uma **lesão** ou **ameaça** ao direito de uma pessoa.

Logo, se a norma jurídica – diga-se, a **lei** – não tem o poder de excluira análise ou apreciação de um pedido de **reparação**, **amparo** ou **proteção** em razão de lesão ou ameaça a um direito, muito menos o tem as autoridades judiciárias (juízes, desembargadores, ministros de tribunais, etc), de negar-se a receber a demanda (ação) que lhe for dirigida com tal finalidade.

Ademais, quando a Constituição veda expressamente à lei de excluir a apreciação de uma lesão ou ameaça a direito pelo Judiciário, tal vedação dirige-se exclusivamente aos demais poderes (Legislativo e Executivo) que têm, respectivamente, como função precípua, aprovar e sancionar as leis.

O **legislador** (deputado ou senador), uma vez que tem por incumbência a feitura das normas jurídicas do país, deve ficar atento à vedação supra referida, para que não venha cometer flagrante **inconstitucionalidade**.

Pelo anteriormente discorrido, resta evidente que o juiz, ou mesmo o tribunal, está constitucionalmente **obrigado** a receber as demandas judiciaisintentadas pelo cidadão, com o fito de reclamar a ocorrência de uma lesão ou ameaça ao seu direito, ainda que, depois de apreciada seja a mesma **infederida** por motivos de ordem processual ou legal.

---

[50] **Fonte legal:** Art. 5°, *caput* e inciso XXXV, da Constituição Federal de 1988

O **direito de ação**, por sua inegável importância, está também consagrado na **Declaração Universal do Direitos Humanos** (Artigo VIII):

Todo ser humano tem direito a receber dos tribunais nacionais competentes remédio efetivo para os atos que violem os direitos fundamentais que lhe sejam reconhecidos pela constituição ou pela lei.

O Estado Democrático de Direito, instituído com a promulgação de nossa Constituição Federal, assegura a todos o acesso irrestrito à Justiça, como uma forma de possibilitar o **exercício pleno da cidadania**. A cidadania estaria totalmente comprometida se não houvesse a garantia do direito de acesso ao Poder Judiciário, com vistas a conter uma ameaça ou reparar uma lesão ao direito de alguém.

A **inércia** (a demora no exame do pedido pelos órgãos judiciários) em apreciar um pedido jurídico do cidadão, seja ele qual for (habeas corpus, mandado de segurança, habeas data, liberdade provisória, relaxamento de prisão, medida liminar, etc), consubstancia **negativa de prestação jurisdicional**, a qual deverá ser também reclamada judicialmente aos **órgãos judiciários superiores**.

Ao utilizar-se do livre acesso ao Judiciário, o cidadão pode postular a tutela jurisdicional tanto **preventiva** (para evitar o fato) quanto **repressiva** (para reparar o fato).

É bom ressaltar que ao pleitear algum direito junto aos **órgãos públicos em geral** (secretarias de governo, repartições públicas, diretorias, gerências, etc), ou seja, na seara **administrativa**, para embasar o consagrado **direito de ação** (livre acesso ao Poder Judiciário) assegurado constitucionalmente, não há qualquer impedimento de, paralelamente, o cidadão valer-se dos auspícios da Justiça para reclamar os mesmos direitos reclamados administrativamente.

Portanto, inexiste qualquer vedação legal de o interessado agir judicialmente, ainda que o processo administrativo não tenha chegado ao seu término, vale dizer, não é necessário haver o **esgotamento** das vias administrativas para somente depois ingressar-se com a ação judicial.

Para os estudiosos do direito, o direito de acesso à Justiça não se limita apenas ao acesso aos **órgãos julgadores** (juízes, tribunais, etc), consistindo também numa possibilidade de acesso a uma **ordem jurídica justa**, o que é até certo ponto uma expressão genérica que deixa margem a interpretações divergentes quanto ao seu entendimento. Ora, a ordem jurídica pode ser justa para uns, mas não o ser para outros.

DO DIREITO DE PROTEÇÃO AO DIREITO ADQUIRIDO, AO ATO JURÍDICO PERFEITO E À COISA JULGADA[51]

Tem o homem ou a mulher, na condição de cidadão/cidadã, o DIREITO CONSTITUCIONAL de proteção ao DIREITO ADQUIRIDO (direito que alguém adquire por ter sido incorporado ao seu patrimônio durante a vigência de uma determinada norma jurídica), ao ATO JURÍDICO PERFEITO (qualquer ato lícito que tem por objetivo imediato adquirir, transferir, resguardar, modificar ou extinguir direitos e que se consuma conforme a lei vigente ao tempo de sua constituição) e à COISA JULGADA (a decisão judicial final que já não cabe mais qualquer recurso pelas partes litigantes ou em conflito, uma vez que os prazos legais já se consumaram).

A garantia assegurada pela Constituição a todas as pessoas – diga-se cidadãos em geral -, no que concerne ao direito de proteção ao **direito adquirido**, ao **ato jurídico perfeito** e a **coisa julgada**, é um modo peculiar de dar estabilidade às **relações jurídicas**, ou seja, não modificar mais os vínculos criados entre as pessoas e as entidades públicas e privadas, com base nas leis vigentes.

Em razão da antefalada garantia constitucional, os **legisladores** (parlamentares federais, estaduais e municipais, eleitos pelo povo) não poderão editar leis que prejudiquem a pessoa que já conseguiu um direito baseado numa determinada lei (direito adquirido), ou que neguem um direito que se tornou completo ou se aperfeiçoou porque atendeu todas as exigências da lei vigente à sua prática (ato jurídico perfeito), bem como, venham a modificar uma situação que já foi julgada pela Justiça, e por isso não caberá mais nenhum recurso para modificar a decisão judicial proferida (coisa julgada).

A elevação constitucional do direito adquirido, do ato jurídico perfeito e da coisa julgada, inviabiliza o **abuso de poder** e o **arbítrio** das autoridades constituídas (deputados, senadores, prefeitos, governadores, presidentes, dirigentes de casas legislativas, etc) que, sem a proibição do inciso XXXVI da Constituição Federal, poderiam criar leis com **efeitos retroativos** (agindo para trás) e, desse modo, prejudicar o direito já consumado das pessoas com base na lei que se encontrava

---

[51] **Fonte legal:** Art. 5º, *caput* e inciso XXXVI, da Constituição Federal de 1988.

em vigor em determinado tempo.

É bom lembrar que direito adquirido não se confunde com "expectativa de direito". Aquele já se consumou no tempo, enquanto este ainda irá se consumar quando atender todas a exigências legais. Alguém que já completou a idade e o tempo de contribuição com exatidão para aposentar- se, de acordo com uma lei em vigor, tem indiscutivelmente, **direito adquirido**, não podendo, portanto, ser prejudicado por **nova lei** que mude as regras de aposentadoria. No entanto, essa mesma pessoa se faltar apenas um mês para completar a idade de aposentadoria, tem apenas uma **expectativa de direito**.

Uma exceção ao direito adquirido é a **desapropriação** pelo Poder Público de bens particulares, pela qual o **direito adquirido sobre a propriedade** pelo cidadão deixa de existir em razão do **interesse público**, uma vez que este prevalece juridicamente sobre aquele. Se houver algum interesse público num determinado imóvel (terreno, casa, etc), por exemplo, a Administração Pública decreta a sua desapropriação e em consequência toma posse do mesmo, ainda que contrariando a vontade e o **direito adquirido** do seu proprietário.

No que diz respeito ao **ato jurídico perfeito**, imagine-se um acordo formulado por escrito entre uma categoria de trabalhadores e a empresa na qual trabalham com base numa determinada lei, sem qualquer **vício de consentimento** que o desabone, logo a edição de uma **nova lei** não tem o condão de alterar as cláusulas do citado acordo, posto que prejudicaria o ato jurídico praticado pelas partes pactuantes que se aperfeiçoou em conformidade com a lei que estava em vigência na época do aludido acordo.

Do mesmo modo, uma vez julgada uma ação judicial (cível ou penal), em que tenha se esgotado todos os meios de **recursos** possíveis, com a tentativa de modificar a **decisão** do juiz ou tribunal, o sujeito que foi contemplado por ela com um **direito**, seja ele qual for, está acobertado pela chamada **coisa julgada** (impossibilidade de modificar a sentença ou acórdão).

No entanto, cabe destacar que o preceito constitucional que garante a não modificação da coisa julgada pela norma constitucional não é **absoluto**, pois as ações cíveis, mesmo depois de julgadas definitivamente, podem ser alteradas ou extintas por uma **ação revocatória**.

Ademais, em relação à **coisa julgada**, a título de exemplo, pense-se numa situação ocorrida num processo de falência, em que a decisão do juiz já não caberia mais **recurso processual**, e por isso, a decisão do magistrado se converteu em coisa julgada, todavia, posteriormente foi descoberto que ocorreram prejuízos irreparáveis aos credores da massa falida, em razão de conluio fraudulento havido entre o devedor e terceira pessoa com quem ele, devedor, contratou. Nesse caso, não há falar em coisa julgada, pois apesar de julgado o fato e não cabendo mais recurso, poder-se-ia intentar uma **ação revocatória** com o fito de revogar a decisão do juiz.

Outrossim, uma ação penal também poderá ser revista pelo tribunal competente e a sentença ser modificada, mesmo depois de ter corrido o **trânsito em julgado** (término do prazo para recurso), através de uma **ação de revisão judicial**, desde que tenha havido, é óbvio, um **erro judiciário**, a merecer uma revisão pela citada Corte de Justiça (Tribunal).

O que não pode, e a Constituição assim o proíbe, é depois de julgada a ação (sem mais possibilidade de recurso para modificá-la), surgir no mundo jurídico uma **nova lei** aprovada com o intuito de alterar o que já esteve julgado pelo magistrado com base numa **lei anterior** que estava em vigor. Aí seria uma afronta aos preceitos constitucionais que protege a coisa julgada.

30

DO DIREITO À INEXISTÊNCIA DE TRIBUNAIS DE EXCEÇÃO[52]

Tem o homem ou a mulher, na condição de cidadão/cidadã, o DIREITO CONSTITUCIONAL de não haver **juízo ou tribunal de exceção**, ou seja, de não existir em nosso país varas ou tribunais além dos que foram ou forem **constitucionalmente instituídos**, ou seja, criados pela Constituição Federativa do Brasil democraticamente.

Os juízos e tribunais de exceção são normalmente instituídos por **leis especiais** ou **decretos-leis**, numa conjuntura histórica especial para **julgamentos político-ideológicos**, para favorecer pessoas ou grupos, desse modo, indo a referida instituição de encontro às normas constitucionais democráticas e promulgadas, que sempre primam por julgamentos justos desprovidos de qualquer influência político-partidária ou ideológica.

Nesse sentido, a nossa Carta Magna veda aos poderes da nação (Executivo, Legislativo e Judiciário) a criação de quaisquer tipos de juízos oucortes de justiça, de forma ocasional, que tenham por objetivo unicamente o julgamento político-ideológico.

A vedação acima tratada é uma maneira prudente e precavida de o cidadão ter conhecimento antecipado do juízo ou tribunal que irá julgá-lo civil ou penalmente, bem como, de não ser surpreendido pela instituição de última hora de juízos e tribunais com finalidades que fogem ao **interesse público** (interesse de todos), máxime com fins político-partidários.

O **juízo competente ou natural** deve ser aquele que está estabelecidoantecipadamente (predeterminado) na Constituição, e de forma permanente. Fora disso, a criação de juízos ou tribunais será considerada **juízo outribunal de exceção**, que têm guarida somente em regimes políticos ditatoriais.

Além do mais, a instituição de juízos e tribunais de exceção vai de encontro ao **princípio constitucional de igualdade ou isonomia**, por provocar uma inevitável discriminação entre os indivíduos ou nacionais do país, haja vista que normalmente os juízos de exceção são

---

[52] **Fonte legal:** Art. 5º, *caput* e inciso XXXVII, da Constituição Federal de 1988.

tendenciosos ou parciais nos seus julgamentos, pois tendem a colaborar com aqueles que os criaram ou tenham algum interesse escuso.

A **deliberação legislativa** (edição de lei ou medida provisória) com o objetivo exclusivo de instituir juízo ou tribunal de exceção é **inconstitucional**, por afrontar os preceitos constitucionais de igualdade e asnormas de criação do juízos e tribunais vigentes no país (juízos e tribunais inferiores e superiores, cíveis, criminais, eleitorais, trabalhistas, militares, etc).

O **Estado Democrático de Direito** estaria comprometido, e jamais estaria assegurado pela Carta Magna brasileira se não fosse garantido o **juízo competente e natural** (juízo imparcial e independente), para julgar os conflitos de interesses e as práticas delituosas dos cidadãos.

31

DO DIREITO AO JULGAMENTO PELO TRIBUNAL DO JÚRI NOS CRIMES DOLOSOS CONTRA A VIDA[53]

Tem o homem ou a mulher, na condição de cidadão/cidadã, o DIREITO CONSTITUCIONAL de ser julgado pelo Tribunal do Júri quando praticar algum CRIME DOLOSO CONTRA A VIDA, significa dizer, ser julgado por representantes da própria comunidade (chamados **juízes de fato**), e não por um **juiz togado** (juiz concursado ou juiz de Direito), que irá julgar o fato de acordo com o conhecimento sobre como realmente o mesmo aconteceu.

Os crimes dolosos contra a vida, tipificados no Código Penal brasileiro, são o **homicídio doloso** (praticado com intenção ou que o agente tenha assumido o risco de produzi-lo), o **aborto criminoso** (assassínio do feto ou mesmo do nascituro), o **infanticídio** (assassínio de recém-nascido praticadopela mãe durante o parto ou logo depois) e o **induzimento a suicídio** (quando alguém leva outrem a suicidar-se de maneira artificiosa). Todos nassuas formas **realizadas** ou **tentadas**.

O Tribunal do Júri proporciona ao acusado, o direito à:

- **plenitude de defesa** – em que ele, acusado, pode valer-se de todos os meios lícitos de defesa possíveis.

- **sigilo das votações** – em que as votações dos jurados (pessoas da comunidade) são feitas em total segredo, para manter a lisura no julgamento.

- **soberania dos veredictos** – em que a decisão coletiva tomada pelos jurados é **soberana** (independente), ou seja, o **mérito** da decisão do Conselho de Sentença não pode ser alterado por um Tribunal compostode juízes togados (juízes de Direito).

- **competência para o julgamento dos crimes dolosos contra a vida** –em que a competência do Tribunal do Júri é **exclusiva**, não podendo o cidadão por ele ser julgado por crimes que não sejam dolosos contra a vida.

---

[53] **Fonte legal:** Art. 5º, *caput* e inciso XXXVIII, da Constituição Federal de 1988, e artigos 121, 122,123, 124 e 127 do Código Penal Pátrio.

Dentre os direitos que assistem ao cidadão-acusado de ser julgado pelo Tribunal do Júri, está o **direito ao desaforamento do julgamento**, ou seja, a transferência do julgamento para outra comarca, desde que se suspeite de algum fato que cause insegurança no julgamento ou mesmo quecomprometa a sua **imparcialidade** (motivação de natureza política, movimentos sociais contra ou a favor do acusado, etc), ou mesmo a **integridade física do acusado**.

O julgamento pelo Tribunal do Júri obedece a **duas fases** distintas, a saber: a primeira e a segunda.

Na **primeira fase**, haverá o chamado **juízo de acusação**, em que o juiz togado (juiz de Direito), após conhecer a denúncia ou queixa, e em seguida ouvir as testemunhas de acusação e de defesa, poderá tomar uma das seguintes decisões:

A) **desclassificar o delito** – que significa reconhecer a existência de um crime diverso do **crime doloso contra a vida** de competência do Tribunal do Júri. Nesse caso o magistrado remete o processo para o **juiz competente** para que julgue o fato.

B) **absolver sumariamente o acusado** – significa que se o juiz, num juízoprévio e induvidoso, após o acusado promover sua resposta inicial(defesa) no processo, se convencer da existência de uma das circunstâncias estabelecidas no Código de Processo Penal (causa excludente de ilicitude do fato; causa excludente da culpabilidade do agente, salvo inimputabilidade; atipicidade do fato e extinção da punibilidade do agente), poderá então, decretar a **absolvição sumária do réu**. E aí o réu não irá mais a julgamento, mesmo cogitando-se de **crime doloso contra a vida**, de competência do Tribunal do Júri. Ora, por lógico, se o réu foi absolvido pelo juiz, já num julgamento prévio, é porque não tem crime a punir.

C) **impronunciar o réu** – significa dizer que, na primeira fase do processo,por entender que não há prova ou indícios suficientes da **autoria** (certeza que foi o réu o autor do fato) nem de sua **materialidade**(existência real do fato), mesmo tratando-se de crime doloso contra a vida, o juiz entende que não deve levar o caso a julgamento pelo Tribunal do Júri, e desse modo, declara **impronunciado** o réu.

D) **pronunciar o acusado** – neste último caso, se o juiz entender que se trata de crime doloso contra a vida, e não acatar uma das situações acima (**desclassificar o delito, absolver sumariamente o réu** ou **impronunciá-lo**), profere a **sentença de pronúncia** e remete imediatamente o processo para julgamento pelo Tribunal do Júri.

A **segunda fase** dá-se pelo julgamento pelo **Júri Popular**, que é formado por cidadãos da comunidade com reputação ilibada, sendo composto por um número de **vinte e um** jurados. Esses jurados deverão se fazer presentes no dia e hora marcados para o julgamento.

Uma vez conferida pelo juiz a presença dos **vinte e um** jurados na salade julgamento pelo Tribunal do Júri, é feita publicamente um sorteio de **sete jurados** que comporão o **Conselho de Sentença** e terão como encargo, após juramento público de bem exercer o seu mister com imparcialidade, declarar a culpabilidade ou não do acusado, **condenando-o** ou **absolvendo-o**, segundo o seu senso de justiça (consciência moral), as provas constantes dos autos do processo (testemunhas, documentos, laudos periciais, etc) e o conhecimento social dos fatos (como na verdade aconteceu o crime).

O Conselho de Sentença faz o julgamento após o **juiz-presidente do Júri** (juiz togado) formular algumas perguntas, por meio de **quesitos** sobreo fato criminoso e suas circunstâncias, que serão respondidas pelos membros do Júri, tais como: **se o delito aconteceu** (materialidade); **se o acusado foi o seu autor** (autoria); **se o acusado é culpado pelo crime** (culpabilidade), e outros questionamentos, se necessários.

Como visto, o papel do magistrado (juiz de Direito da Comarca) é apenas presidir os trabalhos do Tribunal do Júri, como **Juiz-Presidente**, e, ao final, proferir a sentença depois do julgamento, condenando ou absolvendo o réu, de acordo com o que foi julgado pelo Conselho de Sentença (juízes de fato ou cidadãos).

O Tribunal do Júri é, portanto, um instrumento democrático e de cidadania, que permite a qualquer cidadão, se por desventura cometer um **crime doloso contra a vida** de alguém, ser julgado por seus semelhantes (outros cidadãos).

32

DO DIREITO DE SOMENTE SER CULPADO SE O CRIME E A PENA ESTIVEREM DEFINIDOS POR LEI[54]

Tem o homem ou a mulher, na condição de cidadão/cidadã, o DIREITO CONSTITUCIONAL de ser considerado culpado, somente se o **crime** praticado por ele ou ela estiver definido na norma penalizadora (Código Penal), e a **pena** correspondente ao referido crime estiver devidamente cominada (fixada) também na sobredita lei penal.

Nesse sentido, a Constituição consagra dois princípios fundamentais: o **princípio da legalidade** (ou da reserva legal) e o **princípio da anterioridade**, quando preceitua que, para a conduta ser considerada **crime** e a **pena** ao mesmo ser aplicada, devem, crime e pena, estar regulamentados pela lei antes da ocorrência do fato.

Saber em que espécie de crime se enquadra o seu comportamento ou conduta ilícita na Lei Penal, se vier a praticar um delito, bem como, conhecer o tamanho da pena que irá sofrer, é um direito do cidadão. Ninguém pode sofrer uma penalidade qualquer sem existir o tipo de crime na lei penal, muito menos se não existir a pena correspondente.

A definição do delito e o *quantum* da pena a ele cominada gera uma incontestável **segurança jurídica**, pois ao contrário, ficaria ao bel-prazer das autoridades constituídas (membros do Estado-Polícia e do Estado- Justiça), que sem critério objetivo e legal definiriam o tipo de crime que o cidadão viesse a cometer e, do mesmo modo, discricionariamente estabeleciam a respectiva penalidade.

Estando, portanto, consignado na Lei Penal as modalidades de crimes e tipos de pena para eles, quem vier a condenar alguém por um crime e com pena legalmente inexistente, praticará, desse modo, uma evidente **arbitrariedade**, a ser punido também em conformidade com a lei. Eis a importância de os delitos e suas respectivas sanções constarem da legislação penal.

Nos dias atuais somente um Estado ditatorial (regime de exceção), por meio de suas autoridades, seria capaz de estabelecer os crimes e

---

[54] **Fonte legal:** Art. 5º, *caput* e inciso XXXIX, da Constituição Federal de 1988, e artigos 121, 122,123, 124 e 127 do Código Penal Pátrio.

as penas de modo **discricionário**, sem um critério objetivo e legal.

Ademais, o conhecimento antecipado pelo cidadão do tipo de crimeque uma determinada conduta a ele se adéqua e a pena a ser cominada para o tipo de delito cometido, é um modo democrático (de livre escolha), que muitas vezes leva o sujeito a pensar e em seguida recuar diante da prática de comportamentos antissocias.

DO DIREITO À IRRETROATIVIDADE DA LEI PENAL[55]

Tem o homem ou a mulher, na condição de cidadão/cidadã, o DIREITO CONSTITUCIONAL de a lei penal **não retroagir** (voltar atrás) para prejudicá-lo (condená-lo com pena maior). Entenda-se, caso alguém esteja sendo julgado com base numa lei em vigor (lei atual), por ter cometido um crime, e a pena a ser aplicada de acordo com essa norma legal é de **quatro anos**; caso uma **nova lei** chegue a ser editada com uma pena de **cinco anos** para o mesmo delito praticado, isto é, com uma pena **maior**, esta última lei não poderá retroagir para condenar o acusado à pena de cinco anos.

A **lei nova**, com pena maior, somente poderá ser aplicada para o mesmo fato que venha a acontecer no futuro, vale dizer, após a data de sua aprovação.

No entanto, se a pena inserida na **lei nova** for menor do que a pena estabelecida na **lei antiga**, aí sim, poderá ser aplicada ao acusado aquela norma (lei nova), por ser mais benéfica ao réu.

Em síntese, a lei somente voltará atrás (retroagirá) se, e somente se, vier a beneficiar o acusado. Aplica-se, portanto, a **lei mais benigna** (não importa se nova ou velha) no caso concreto.

---

[55] **Fonte legal:** Art. 5º, *caput* e inciso XL, da Constituição Federal de 1988, e artigos 121, 122, 123,124 e 127 do Código Penal Pátrio.

DO DIREITO À RESPONSABILIDADE PESSOAL DA PENA[56]

Tem o homem ou a mulher, na condição de cidadão/cidadã, o DIREITO CONSTITUCIONAL de não pagar uma pena qualquer em lugar de outra pessoa, pois, a pena não pode passar da pessoa do condenado; inobstante se a responsabilidade não for penal e o responsável pelo prejuízocausado já estiver falecido, a obrigação de **reparar o dano** será estendida aos herdeiros do devedor. Nesse caso, poderá haver decisão judicial decretando-se a **perda dos bens do falecido**, se contra os seus herdeiros for executada a dívida pelo credor, até o **limite** do que tocou a cada um dos respectivos herdeiros na herança.

A pena é, e sempre será, **personalíssima**, não podendo passar da pessoa do condenado para outra pessoa, ainda que seja parente mais próximo (pais, esposa, filhos, irmãos, tios, primos, etc), e mesmo que tenha estado presente no momento da ação delituosa ou queira assumir o lugar doagente praticante do crime. Somente o condenado poderá pagar a pena quelhe será aplicada pelo fato delituoso. Ninguém mais!

Desse modo, se alguém cometer um delito e fugir do **distrito da culpa** (local do fato), a Polícia ou a Justiça jamais poderá responsabilizar o seu parente mais próximo pelo fato ocorrido. Somente aquele que praticou o crime deve ser penalizado. Cabe ao Estado-Polícia e ao Estado-Justiça envidar todos os esforços possíveis para encontrar, processar, julgar e penalizar quem de verdade cometeu o crime.

---

[56] **Fonte legal:** Art. 5º, *caput* e inciso XLV, da Constituição Federal de 1988, e artigos 121, 122, 123,124 e 127 do Código Penal Pátrio.

DO DIREITO À INDIVIDUALIZAÇÃO DA PENA[57]

Tem o homem ou a mulher, na condição de cidadão/cidadã, o DIREITO CONSTITUCIONAL de a pena que lhe for aplicada no processo criminal, em razão de sua culpabilidade, ser **individualizada**, pois deve o julgador levar cm conta as peculiaridades de cada caso em concreto.

A **individualização da pena** serve para que o magistrado aplique a lei observando a penalidade cabível para cada fato praticado pelo agente. Portanto, não fica ao bel-prazer do julgador, a escolha da penalidade que irá aplicar sem a devida observância do fato, e qual tipo de pena que será aplicada ao mesmo, entre as que estejam regulamentas na legislação criminal.

Se o fato cometido diz respeito a uma simples **lesão corporal**, o julgador não deve aplicar uma pena referente à uma **tentativa de homicídio**. Se se cogita de um **furto** (apropriação de algo pertencente a alguém sem o uso da violência), não deve aplicar uma pena que diz respeitoa um **roubo** (apropriação de algo pertencente a alguém com o uso de violência).

Havendo equívoco do julgador na individualização da pena, o cidadão que venha a ser condenado tem o direito de recorrer à instância superior (Tribunal) para que seja feita a individualização da pena de forma correta.

A **individualização da pena** será regulamentada por lei, devendo esta adotar, entre outras, as seguintes penas:

- privação ou restrição da liberdade.

- perda de bens.

- Multa

- prestação social alternativa.

---

[57] **Fonte legal:** Art. 5º, *caput* e inciso XLVI, da Constituição Federal de 1988.

- suspensão ou interdição de direitos.

Na individualização da pena, os juízes e tribunais do país não podem aplicar as penas de **prisão perpétua** (sem tempo determinado), **de trabalhos forçados** (de serviços penosos), **de banimento** (expulsão do país) e **cruéis** (que causam sofrimento), tendo em vista que nossa Constituição o proíbe de modo taxativo, isto é, não tem meio termo, sendo totalmente vedado a aplicação dessas penas.

Em conformidade com a legislação pertinente, a individualização da pena passa por três fases: cominação, aplicação e execução.

Na **fase de cominação** é escolhido pelo legislador os tipos penais de forma abstrata, dando-se uma valoração aos bens que poderão ser protegidos pelo Direito Penal. Desse modo, cada infração penal terá a pena individualizada, considerando-se sua relevância e gravidade.

Na **fase de aplicação**, o julgador ao aplicar a lei penal para o fato delituoso ocorrido, fará a individualização da pena de acordo com o crime praticado pelo agente. Ao fazer a individualização da pena, o juiz fixa a pena-base para o delito, consoante o determina o artigo 68 do Código Penal, e depois analisa as circunstâncias atenuantes e agravantes, bem como, as causas de diminuição e aumento da pena, até chegar no *quantum* da pena a ser aplicada para o fato.

Já na **fase de execução**, o magistrado responsável pelo cumprimento da pena pelo condenado, faz a **classificação** do apenado de acordo comos seus antecedentes e sua personalidade, como forma de promover a individualização da execução penal.

36

DO DIREITO DE NÃO SER CONDENADO À PENA DE MORTE E OUTRAS PENAS CRUÉIS[58]

Tem o homem ou a mulher, na condição de cidadão/cidadã, o DIREITO CONSTITUCIONAL de não ser condenado à **pena de morte** (salvo no caso de guerra declarada); de não ser condenado a alguma pena de caráter perpétuo, ou seja, por tempo indeterminado; de não ser condenado à pena de trabalhos forçados (trabalhos que exigem muito esforço físico do apenado); de não ser condenado à pena de banimento (expulsão do país) e à penas de tratamentos cruéis (causadoras de constrangimentos físico ou mental).

Trocando em miúdos pode-se afirmar que:

a) quanto à **pena de morte**:

A Constituição Federal, no seu artigo 47, estabelece que não haverá pena de morte, salvo em caso de guerra declarada.

Portanto, a única possibilidade de aplicação da pena de morte no Brasildar-se-á somente se houver envolvimento de nosso país numa guerra,desde que esta seja oficialmente declarada.

O Código Penal Militar (Decreto-Lei n. 1.001, de 21 de outubro de 1969) define os delitos passíveis de punição com a pena de morte, e de acordo com tal diploma legal, a execução do condenado ocorrerá por meio de **fuzilamento**, de acordo com o artigo 57 do aludido diploma legal.

A sentença de condenação à pena de morte, proferida pela **Justiça Militar**, depois de seu trânsito em julgado, será comunicada ao Presidente da República, nesse caso, a execução do apenado ocorrerá depois de **sete dias** após a mencionada comunicação.

Se a pena for aplicada no lugar onde esteja havendo as operações de guerra, pode ser executada imediatamente, conforme o interesse da ordeme da disciplina militares.

---

[58] **Fonte legal:** Art. 5º, *caput* e inciso XLVII, da Constituição Federal de 1988.

Nesse sentido as normas contidas nos artigos 355 a 378 do Código Militar, definem claramente os crimes militares em tempo de guerra que podem ser punidos com **pena de morte**.[59]

Afora os casos acima mencionados, a pena de morte não pode ser aplicada no Brasil em nenhuma situação. Mesmo porque o nosso país é signatário de Tratados Internacionais de Direitos Humanos, além de termos uma Constituição que prima pela proteção da vida e do respeito ao princípio da dignidade da pessoa humana, a merecer, inclusive, uma revisão noCódigo Penal Militar para as punições dos crimes de guerra ali consignados.

b) quanto à **pena de caráter perpétuo**:

A pena a ser aplicada a qualquer fato criminoso não tem duração indeterminada, portanto, não podendo ser perpétua, isto é, sem um tempo delimitado de cumprimento.

Por mais grave que seja o delito, a pena no Brasil, ainda que se cogite de pena privativa de liberdade, tem um limite máximo de **trinta anos**, consoante o determina o artigo 75 do Código Penal, sendo certo que existe em tramitação no Congresso Nacional projetos de lei com o intuito de alteração no *quantum* majoritário da pena.

c) quanto à **pena de trabalhos forçados**:

Exigir do apenado a execução de trabalhos forçados, que maltratam fisicamente a sua pessoa, não é a melhor alternativa para a **ressocialização**, posto que trabalhar além da conta ou em serviços considerados pesados, também não é uma garantia de recuperação do condenado.

De ressaltar que o trabalho forçado foi, politicamente, uma das estratégias utilizadas pelos regimes ditatoriais ou totalitários (nazismo, fascismo, comunismo), como pena de vingança para o "inimigos do regime". E mesmo como instrumento pedagógico para a recuperação social do apenado não teve ainda cientificamente comprovação de sua eficácia.

d) quanto à **pena de banimento**:

Consiste a pena de banimento na entrega compulsória de um

---

[59] Disponível em: <**http://www.planalto.gov.br/ccivil_03/Decreto-Lei/Del1001.htm**>. Acesso em:30 mar 2020. (Decreto-lei n. 1.001, de 21 de outubro de 2020.

nacional (cidadão brasileiro) para que seja julgado em outro país (estrangeiro), situação fática plenamente vedada pela Carta Constitucional brasileira.

Em conformidade com a pena de banimento, também denominada de "desterro", o indivíduo chega a perder a nacionalidade do país ao qualpertence como cidadão, e, uma vez desterrado de sua pátria, caso não tenha outra nacionalidade – já que as pessoas podem ter mais de uma –, será considerado um **apátrida** (sem pátria).

O banimento ou desterro é uma prática que sempre foi utilizada com **fins políticos**, vale dizer, como método de perseguição ou repressão política.

De destacar que a pena de banimento esteve usada rigorosamente no decorrer do regime de exceção (ditadura) instalado no Brasil, nos idos de 1964, como penalidade aos políticos de oposição ao regime, bem como, aos integrantes de grupos armados (guerrilha), sob a alegação de terem práticados crime contra a Segurança Nacional.

e) quanto às **penas de tratamentos cruéis**:

Um dos tratamentos cruéis mais falados diz respeito à **tortura**, que é uma das atrocidades contra o direito à vida da pessoa humana tratada no artigo 5º da **Declaração Universal dos Direitos Humanos – DUDH**.

Diz textualmente a DUDH:

Artigo 5. Ninguém será submetido à tortura, nem a tratamento ou castigocruel, desumano ou degradante.

Portanto, não somente a tortura, como qualquer outro tratamento ou castigo cruel está expressamente vedado pela citada DUDH, como proteção internacional a condutas que tenham tal objetivo.

O **Pacto Internacional sobre os Direitos Civis e Políticos**, no seu artigo 7, também estabelece norma de proibição, pelos países integrantesda Organização das Nações Unidas – ONU, no tocante à prática da tortura etratamentos cruéis:

Artigo 7. Ninguém poderá ser submetido à tortura, nem a penas ou tratamento cruéis, desumanos ou degradantes. Será proibido sobretudo, submeter uma pessoa, sem seu livre consentimento, a experiências médias ou cientificas.

Ademais, com fulcro nas declarações supra referidas, as mencionadas condutas estão proibidas pela **Declaração sobre a Proteção de Todas as Pessoas contra a Tortura ou Outros Tratamentos ou Penas Cruéis, Desumanos ou Degradantes,** editada pela Assembléia Geral das Nações Unidas, em 9 de dezembro de 1975, através da Resolução 3452, incisoXXX, que, além de dar a definição de tortura, no seu artigo 1º, declara ser a mesma uma ofensa à **dignidade humana**, além de orientar aos países não tolerarem a prática de tortura e de quaisquer tipos de tratamentos cruéis, desumanos ou degradantes. É o que se pode constatar dos artigos 1º, 2º e 3º da aludida Declaração:

Artigo 1º:

§1. Sob os efeitos da presente declaração, será entendido por tortura todo atopelo qual um funcionário público, ou outra pessoa a seu poder, inflija intencionalmente a uma pessoa penas ou sofrimentos graves, sendo eles físicos ou mentais, com o fim de obter dela ou de um terceiro informação ou uma confissão, de castigá-la por um ato que tenha cometido ou seja suspeita de que tenha cometido, ou de intimidar a essa pessoa ou a outras. Não serão consideradas torturas as penas ou sofrimentos que sejam conseqüência única da privação legítima da liberdade, ou sejam inerentes ou incidentais a esta, na medida em que estejam em acordo com as Regras Mínimas para o Tratamento dos Reclusos.

§2. A tortura constitui uma forma agravada e deliberada de tratamento ou de pena cruel, desumana ou degradante.

Artigo 2º:

Todo ato de tortura ou outro tratamento ou pena cruel, desumano ou degradante constitui uma ofensa à dignidade humana e será condenado como violação dos propósitos da Carta das Nações Unidas e dos Direitos Humanos e Liberdades Fundamentais Proclamados na Declaração Universal de Direitos Humanos.

Artigo 3º:

Nenhum Estado poderá tolerar a tortura ou tratos ou penas cruéis, desumanos ou degradantes. Não poderão ser invocadas circunstâncias excepcionais tais como estado de guerra ou ameaça de guerra, instabilidade política interna ou qualquer outra emergência pública como justificativa da tortura ou outros tratamentos ou penas cruéis, desumanos ou degradantes.

Espelhada nas Declarações de Direito acima, a Constituição brasileira, no inciso III do artigo 1º, determina que um dos fundamentos da República Federativa do Brasil é a **dignidade da pessoa humana**, e em razão desse fundamento vedou expressamente a prática de tortura em todos os sentidos,até mesmo em relação a presos ou condenados pela Justiça, por maior ou hediondo que seja o crime por eles praticados.

É bom frisar que a tortura é um dos expedientes adotados pelas ditaduras ou regimes de exceção, que não aceitam qualquer tipo de oposição a eles, e como vingança utilizam essa prática como intimidação aos revoltosos ou opositores.

DO DIREITO AO CUMPRIMENTO DA PENA DE PRISÃO EM ESTABELECIMENTOS DISTINTOS[60]

Tem o homem ou a mulher, na condição de cidadão/cidadã, o DIREITO CONSTITUCIONAL de uma vez **detido/a** ou **preso/a**, ser colocado em cela ou presídio (cadeia, carceragem ou penitenciária) distintos dos demais onde estão outros presos, em conformidade com a **natureza do delitopraticado**, ou mesmo de acordo com a idade e o sexo do apenado.

O direito ao local da prisão é, portanto, constitucional, não havendo qualquer possibilidade de negociação com o próprio preso.

Nesse sentido, o Estado, como responsável maior, tem a incumbência de aparelhar-se adequadamente, na perspectiva de atender às exigências legais e judiciais no tocante ao encarceramento do preso em cela ou presídio, de acordo com a natureza do delito, a idade ou sexo do apenado.

O Supremo Tribunal Federal a esse respeito já decidiu nos seguintes termos:

> Habeas corpus. Prisão para fins de cumprimento de pena em regime semiaberto. Alegação de inexistência de vagas no estabelecimento apropriado. Cadeia pública interdita. Ordem concedida. A determinação judicial no sentido de que o paciente seja preso em cadeia pública interdita configura constrangimento ilegal. Ordem concedida para que seja assegurado ao paciente o cumprimento de pena em estabelecimento prisional adequado ao regime fixado na sentença, mesmo que em outra localidade. (HC 94.810, Rel. Min. Carmem Lúcia, julgamento em 28-10-2008, Primeira Turma, *DJE* de6-3-2009).

Sem a observância do direito do aprisionado ao cumprimento de penasem estabelecimento distinto, a prisão torna-se inconstitucional, posto que gera **constrangimento ilegal** a ser amparado por *habeas corpus*, devendohaver, nesse caso, o relaxamento (afrouxamento) da prisão ou mesmo a sua conversão para um regime prisional mais brando, a exemplo, a substituição do regime **fechado** para o **semiaberto**, ou colocação do apenado em **prisão domiciliar**.

---

[60] **Fonte legal:** Art. 5º, *caput* e inciso XLVIII, da Constituição Federal de 1988.

DO DIREITO DE RESPEITO À INTEGRIDADE FÍSICA E MORAL QUANDO ESTIVER PRESO[61]

Tem o homem ou a mulher, na condição de cidadão/cidadã, o DIREITO CONSTITUCIONAL de, quando preso/a, ter a sua integridade físicae moral devidamente respeitada. Nenhuma autoridade policial ou judiciária goza legalmente do direito de violentar física ou moralmente quem está recluso, não importando o crime por este cometido.

De ressaltar que o Estado tem plena **responsabilidade civil**, e seus agentes a **responsabilidade penal**, pela integridade física do preso.

No entanto, é do conhecimento de todos, que o sistema carcerário de nosso país é por demais, e por si só, caótico, injusto e precário, sem qualquer estrutura capaz de contribuir com a **recuperação social** do apenado. Sem as condições imprescindíveis à **ressocialização**, o sistema prisional passa a ser **vingativo**, e não, humano, gerando desse modo injustiças a serem corrigidas, vez que cotidianamente fere de morte a integridade do aprisionado.

A superlotação dos presídios brasileiros retratam uma condição desumana que por via oblíqua massacra a população carcerária, alvejandoa todo tempo a integridade do preso, razão pela qual os órgãos judiciários vêm determinando a prisão domiciliar, aplicada aos que estão sob o regime aberto, como forma de sanar o sofrimento do apenado e reduzir a superlotação carcerária.

Em certas situações, a nossa legislação admite que sejam colocados em prisão domiciliar pessoas com idade superior a 70 anos, com enfermidades graves (cancerígenos, diabéticos, etc), portadores de necessidades especiais ou mesmo mulheres em estado de gestação, para que não sofram os efeitos repugnantes do cárcere estatal.

Enquanto estiver sob a guarda e proteção do Estado, o preso deveráter a sua integridade física e moral preservada. Não é pelo fato

---

[61] **Fonte legal:** Art. 5º, *caput* e inciso XLIX, da Constituição Federal de 1988.

de ter praticado um crime que os órgãos estatais (delegacias, penitenciárias, etc) poderão tratar os aprisionados com desrespeito e utilizar meios violentos de vingança em relação aos delitos por eles praticados.

DO DIREITO DE PERMANÊNCIA DA MULHER PRESIDIÁRIA COM O FILHO DURANTE A AMAMENTAÇÃO[62]

Tem a mulher, na condição de cidadã, o DIREITO CONSTITUCIONAL, quando **presa** ou **detida**, todas as condições favoráveis e necessárias para que possa **permanecer com seus filhos** durante o período de **amamentação**.

O direito de amamentar da mulher é um **direito subjetivo** próprio, líquido e certo, como têm decidido os colendos Tribunais de nosso país. É, sem margem de dúvidas, um direito fundamental impostergável, melhordizendo, um **direito humano** inegável em qualquer situação.

Não importa quão grave tenha sido o crime envidado pela mulher, uma vez aprisionada, ela tem o direito de **amamentar o seu filho**. Aqui, apreservação da condição humana ao aleitamento materno é dupla, da mãe etambém do bebê, que dela precisa para sobreviver.

Cabe anotar que o tempo assegurado pela legislação pátria, para que as mulheres detentas possam amamentar os seus filhos é, no mínimo, de **seis meses**.

Ademais, o ambiente prisional feminino deve ter um lugar reservado (espécie de berçário) para que as detentas possam amamentar os seus filhos.

O aleitamento materno não é um privilégio dado às mães que estejam detidas por cometimento de algum delito, e sim, um **direito humano** a ser respeitado pela sociedade e o Estado, como uma das garantias de **preservação da integridade** e até mesmo da própria **ressocialização da detenta**.

Amamentar é alimentar um ser em formação; é dar vida a outro ser, portanto, jamais o Estado, ou mesmo a sociedade de forma rancorosa ou vingativa, poderá impedir de as mães presidiárias praticarem o aleitamento materno.

A garantia do exercício do direito à amamentação deve ser plenamenteassegurado pelo juízo da Comarca na qual a presidiária está detida. A autoridade que o representa (juiz) deve tomar todas as providências cabíveis para que esse direito seja constitucionalmente respeitado.

---

[62] **Fonte legal:** Art. 5º, *caput* e inciso L, da Constituição Federal de 1988.

DO DIREITO DE NÃO SER EXTRADITADO[63]

Tem o homem ou a mulher, na condição de cidadão/cidadã, o DIREITOCONSTITUCIONAL, de, por regra geral, não ser **extraditado**, isto é, de não ser entregue pelo Brasil a outro país quando tenha praticado algum delito no exterior, quer se trate de **brasileiro nato** (nascido no Brasil ou no exterior), ou de **brasileiro naturalizado** (estrangeiro que optou pela nossa nacionalidade).

O brasileiro nato, não comportando exceção à regra, sendo esta de caráter **absoluto**, por hipótese alguma poderá ser extraditado, a pedido de governo estrangeiro.

No entanto, há uma exceção quanto ao **brasileiro naturalizado** que poderá ser extraditado se tiver cometido algum crime comum antes danaturalização ou chegar, comprovadamente, a envolver-se em tráfico ilícito de entorpecentes e drogas afins, na forma da lei.

Entende-se, especificamente, como **brasileiro nato**, de acordo com a Constituição, aquele que:

- **tenha nascido no Brasil**, ainda que seus pais sejam estrangeiros (de outro país), desde que os referidos pais não estejam a serviço de seu país de origem (Japão, Estados Unidos, Espanha, etc).

- **tenha nascido em outro país**, mas seja filho de pai brasileiro ou de mãe brasileira, desde que qualquer um dos pais esteja a serviço do Brasil.

- **tenha nascido em outro país** e seja filho de pai brasileiro ou de mãe brasileira, desde que o nascido (criança), seja registrada em repartição brasileira competente (cartório, ou venha a residir no Brasil e opte pela nacionalidade brasileira, a qualquer tempo, quando atingir a maioridade civil.

A proteção do **brasileiro nato** é tão significativa constitucionalmente que somente ele, e não o naturalizado, poderá ocupar os cargos de:

---

[63] **Fonte legal:** Art. 5º, *caput* e inciso LI, da Constituição Federal de 1988.

- Presidente e Vice-Presidente da República.

- Presidente da Câmara dos Deputados.

- Presidente do Senado Federal.

- Ministro do Supremo Tribunal Federal.

- Carreira diplomática (embaixador, cônsul, etc).

- Oficial das Forças Armadas.

- Ministro de Estado da Defesa.

A Constituição define que não poderá haver distinção entre o **brasileiro nato** e o **brasileiro naturalizado**, salvo nas situações previstasno próprio texto constitucional, sendo a extradição do brasileiro naturalizado uma das distinções.

Nesse sentido, o brasileiro naturalizado, que é aquele que, mesmo tendo nascido em outro país, pode adquirir a nacionalidade brasileira por umato voluntário (atitude própria), porém, pode ser, consoante dito, **extraditado**, desde que:

- tenha praticado crime comum antes da data de sua naturalização.

- tenha se envolvido, comprovadamente, em tráfico ilícito de entorpecentes ou algum tipo de drogas.

De ressaltar que não impede a extradição, a circunstância de a pessoa a ser extraditada, homem ou mulher, ser **casada** ou conviver em **união estável** com brasileiro (homem ou mulher), ou mesmo ter filho brasileiro, segundo entendimento do Supremo Tribunal Federal.

Ter **domicílio** no Brasil, também não é um fato impeditivo da extradição, segundo o STF.

O texto constitucional ao estabelecer que nenhum brasileiro será extraditado, quando tiver cometido algum crime no exterior (outro país), tem como princípio proteger o brasileiro no âmbito do seu território.

Torna-se oportuno dizer que não será concedida a extradição de estrangeiros que estejam residindo de forma temporária ou permanente no Brasil, caso ele tenha cometido no seu país crime de natureza política ou mesmo um crime considerado de opinião (exemplo: cite-se a opinião sobre o regime de Governo ou sobre o comportamento dos políticos do seu país).

41

DO DIREITO AO PROCESSO E JULGAMENTO POR AUTORIDADE COMPETENTE[64]

Tem o homem ou a mulher, na condição de cidadão/cidadã, o DIREITO CONSTITUCIONAL, de ser **processado** e **sentenciado** (julgado) por, e somente por, **autoridade competente**, vale esclarecer, apenas os juízes e tribunais podem processar alguém e prolatar a respectiva sentença na sua área de competência.

Autoridade competente é aquela determinada pela **Constituição Federal** para receber, dar andamento e julgar uma ação judicial específica.

Nenhum juiz ou tribunal poderá processar e julgar uma ação que não esteja no âmbito de sua competência constitucional. Logo, qualquer juiz ou tribunal poderá receber uma ação que lhe tenha sido direcionada, inobstantetenha o dever legal de se declarar **incompetente** e, após isso, remeter o respectivo processo para o juízo que entende ser o **competente** para julgara causa.

A título de exemplo, cite-se a competência do Tribunal do Júri, que de acordo com as disposições constitucionais, só poderá processar e julgar os **crimes dolosos contra a vida**, ou seja, o homicídio, induzimento, instigação ou auxílio ao suicídio e o aborto. Afora esses crimes, o Tribunaldo Júri não tem competência para julgar outros delitos. Como também o juiz de direito, que atua na área criminal, não tem nenhuma competência para processar e julgar esses crimes.

É competente para julgar causas trabalhistas, somente o **juiz trabalhista**; causas eleitoras, somente o **juiz eleitoral**; causas de família (divórcio, pensão alimentícia, investigação de paternidade e outras), somente o **juiz da Vara de Família**.

De acordo com a Constituição, apenas os **Tribunais de Justiça dos Estados** têm competência para julgar os **prefeitos** dos municípios, em **causas criminais**. Enquanto, o **Superior Tribunal de Justiça** tem competência para julgar os **Governadores** dos Estados, nas causas criminais.

---

[64] **Fonte legal:** Art. 5º, *caput* e inciso LIII, da Constituição Federal de 1988.

Alguns juízos, do mesmo grau, às vezes têm **competência distinta**. Exemplo: **juiz de direito de primeiro grau**, que tem a competência exclusiva para processar e julgar as causas que digam respeito à Fazenda Pública estadual; o **juiz de direito de primeiro grau** que tem competência para julgar as pequenas causas referentes ao Juizado Especial Cível ou Juizado Especial Criminal.

42

DO DIREITO AO DEVIDO PROCESSO LEGAL[65]

Tem o homem ou a mulher, na condição de cidadão/cidadã, o DIREITOCONSTITUCIONAL, de somente ter sua liberdade pessoal e seus bens privados através do DEVIDO PROCESSO LEGAL, ou seja, o indivíduo só poderá perder a sua **liberdade** (direito de **ir, vir** e **ficar** em qualquer lugar), assim como, os seus **bens** (móveis, imóveis, dinheiro, objetos, etc), quando houver a instauração de um **processo disciplinado por lei**, no qual o cidadão tenha o direito de se defender das acusações lhe imputadas e poder proteger os seus pertences.

A garantia da liberdade é a regra no direito. Ninguém pode ter a liberdade negada por hipótese alguma. Havendo exceção unicamente quando praticar um **crime**, e mesmo nesse caso, a privação de sua liberdade dar-se-á apenas através de um processo legalmente instaurado pelo Poder Judiciário.

Do mesmo modo, todos temos direito de possuir bens. O direito de propriedade é consagrado pela própria Constituição Federal. Portanto, o **confisco** (apreensão) de bens também é uma **proibição** constitucional e legal. Inobstante essa vedação de confisco de bens seja **relativa**, ela poderá ocorrer, desde que também através de um processo legal instaurado pela Justiça.

Sem um processo legal não haveria garantia de proteção ao direito de liberdade e de propriedade do cidadão. É por meio do processo que o cidadão poderá se defender de alguma **acusação injusta** no processo criminal, ou garantir a posse ou propriedade dos seus bens numa ação de cobrança de um tributo já pago (processo tributário), bem como, proteger umbem que não pode ser penhorado em razão de ser **bem de família** (a casa onde o cidadão reside com sua família ou mesmo a propriedade rural onde mora e trabalha com a família).

Tudo isso ocorre, porque no processo legal está assegurado ao cidadão o **contraditório** e a **ampla defesa**, que são garantias de poder defender-se de uma acusação e evitar a privação de sua liberdade, ou contestar a tentativa de alguém ou de um ente governamental (União, Estado, Município), ou até alguma empresa pública ou privada (bancos,

---

[65] **Fonte legal:** Art. 5º, *caput* e inciso LIV, da Constituição Federal de 1988.

seguradoras, etc), de apreender os seus bens de forma ilegal ou ilícita.

É bom lembrar que ser processado não significa ser "culpado"; qualquer pessoa pode ser processada por alguma acusação, mesmo considerada leviana, todavia, ao final, ser absolvida de tal acusação, ainda que tenha sido processada. O processo é um procedimento formal para apurar se a acusação é **verdadeira** ou **falsa**, nada mais.

Como dito acima, o processo legal assegura ao acusado, no **processo criminal**, e ao devedor, **no processo cível**, o direito de somente ter sua liberdade ou seus bens privados através dele. Sem o processo legal instaurado judicialmente ninguém, absolutamente ninguém, poderá perder a liberdade ou os seus bens materiais.

Cabe, finalmente, ressaltar, que quando a Polícia prende alguém, ou seja, priva a sua liberdade, mesmo em razão de um **flagrante delito**, o processo legal para apurar a verdade deve ser instaurado com a **denúncia** do Promotor de Justiça (que dá início ao processo legal), caso contrário a prisão deverá ser imediatamente **relaxada**. Outrossim, quando a Políciaapreende bens do acusado (celulares, motocicletas, computadores, etc), que não tenham sido objeto de furto por ele praticado, deverão tais bens ser devolvidos a ele, acusado, após a apuração dos fatos. Tudo isso graças ao **devido processo legal**. São essas, portanto, as razões de ninguém poder ser privado de sua liberdade e de seus bens sem a instauração do processo legal.

DO DIREITO AO CONTRADITÓRIO E À AMPLA DEFESA NO PROCESSO[66]

Tem o homem ou a mulher, na condição de cidadão/cidadã, o DIREITOCONSTITUCIONAL, de quando se defender de uma acusação criminal, cível ou administrativa, através de processo **judicial** (em tramitação najustiça), ou **administrativo** (em órgãos distintos da justiça), de poder valer- se do CONTRADITÓRIO (refutar os argumentos da parte contrária) e da AMPLA DEFESA (utilizar todos os meios legais e jurídicos possíveis que estejam ao seu alcance, assim como, todos os recursos indispensáveis à sua defesa).

Torna-se relevante frisar que o *contraditório* e a *ampla defesa* só podem ser feitos dentro de um processo judicial **criminal** (que tenha sido iniciado por **denúncia** do Promotor de Justiça); dentro de um processo **cível** (que tenha sido iniciado através de uma **ação judicial** (ação de divórcio, ação de alimentos, ação de investigação de paternidade, ação de indenização, etc.) ou dentro de um processo **administrativo** (que tenha sidoiniciado por meio de um *procedimento administrativo* para apurar alguma falta cometida por um funcionário de uma empresa privada ou por umservidor público).

Anote-se, contudo, que no inquérito policial não se permite o **contraditório** e a **ampla defesa**, porque não se trata ainda de uma **acusação** propriamente dita, pois esta, a acusação, ocorrerá apenas no processo judicial criminal, instaurado a partir da **denúncia** do Promotor de Justiça. O processo somente passa a existir depois de formulada a denúncia, antes é apenas um procedimento de natureza administrativa.

Nesse sentido, ninguém poderá ser **processado, julgado** e **condenado**, sem que lhe tenha dado o direito de se defender sob o manto do *contraditório* e da *ampla defesa*.

O direito de defesa, com as benesses do contraditório e da ampla defesa, está consagrado em todas as **democracias modernas** do mundo. Somente num **regime político totalitário** (ditatorial) não será permitido o direito de defesa com o contraditório e a ampla defesa.

É de fundamental importância, esclarecer que o **inquérito policial**,

---

[66] **Fonte legal:** Art. 5º, *caput* e inciso LV, da Constituição Federal de 1988.

apesar de ser um procedimento administrativo como outro qualquer, difere dos demais em alguns pontos, por ser ele quase que exclusivamente, **inquisitivo** (investigativo), ou seja, nele não há o contraditório e a ampla defesa, apesar de o advogado poder fazer alguma indagação sobre os fatos,requerer fiança e acompanhá-lo até o final na fase de delegacia de polícia.

O fim específico do inquérito policial é tão somente **colher provas** para embasar a denúncia do Promotor. Nele, a pessoa que supostamente praticou o fato, é chamada de INDICIADO, e não, ACUSADO, pois alguém somente é considerado realmente **acusado**, depois de ser denunciado pela Promotoria de Justiça com base nas provas colhidas na fase do inquérito policial.

No âmbito da Justiça Criminal, no processo judicial (aberto com a denúncia do Promotor), ao se assegurar o CONTRADITÓRIO e a AMPLA DEFESA o acusado poderá apresentar todas as provas que lhe estejam disponíveis: **provas testemunhais** (a ouvida de pessoas que têm conhecimento dos fatos), **provas documentais** (apresentação de documentos de qualquer tipo) e **provas periciais** (requerer ao juiz perícias médicas, contábeis, em obras, etc.),

Ademais, poderá o acusado interpor todos os recursos necessários contra as decisões judiciais que entenda injustas, tais como: **recurso de agravo de instrumento** (contra qualquer decisão judicial que julgou algo, mas não concluiu ainda o processo), **recurso de apelação** (contra a decisão do juiz – *sentença* – que deu conclusão ao processo) para o Tribunal de Justiça, que fica na Capital do Estado onde a pessoa reside; **recurso especial** (quando a decisão do Tribunal de Justiça do Estado contraria alguma *lei federal*) para o Superior Tribunal de Justiça – STJ (que fica em Brasília-DF) ou **recurso extraordinário** (quando a decisão do juiz contraria a Constituição Federal) para o Supremo Tribunal Federal – STF (que fica também em Brasília-DF).

Se houver **impedimento** de o acusado apresentar as provas acima citadas no processo, ou de interpor os recursos judiciais descritos, desde que sem uma justificativa plausível de natureza legal e constitucional, não haverá respeito por parte do juiz ou tribunal ao CONTRADITÓRIO e àAMPLA DEFESA. Portanto, o julgamento será considerado injusto e parcial, e possivelmente **nulo de pleno direito**.

DO DIREITO A PROVAS OBTIDAS SOMENTE POR MEIO LÍCITO NO PROCESSO[67]

Tem o homem ou a mulher, na condição de cidadão/cidadã, o DIREITOCONSTITUCIONAL de não ser admitidas no processo, e em seu desfavor, quaisquer provas (documentos, áudios, vídeos, fotografias, etc.) obtidas por **meios ilícitos**, isto é, de forma contrária à lei, especificamente à legislaçãode direito material (a que trata dos crimes).

A inadmissibilidade de **provas ilícitas** ou clandestinas é uma garantia diante da persecução da Polícia, Ministério Público, Comissão Parlamentar de Inquérito, etc), para que não haja violação à liberdade pública (direito fundamental) por parte desses órgãos estatais.

A adoção de provas ilícitas no processo proporcionaria o risco de uma condenação com base em provas pré-fabricadas, fraudulentas ou ilegais. Nesse sentido, a não aceitação de provas clandestinas é um modo de dar **segurança jurídica** ao julgador (juiz), para que o mesmo possa promover um julgamento justo.

Cabe informar que as provas obtidas com violação de direitos fundamentais tais como a **intimidade**, a **vida privada**, a **honra**, **imagem**, oumesmo **violação do domicílio**, são consideradas **provas ilícitas**, nos termos da lei de regência e da Constituição Federal.

De ressaltar que a **interceptação de comunicações telefônicas** (aquelas feitas sem o conhecimento dos interlocutores ou com o conhecimento de apenas um deles), ou mesmo a **interceptação de comunicação informática** ou **telemática**, a **escuta ambiental** ou a **quebra de segredo de Justiça**, com o objetivo de **investigação criminal** e **instrução processual penal**, só será considerada **prova lícita** se realizada com **autorização judicial**, em sintonia com a Lei n. 9.296, de 24 de julho de 1996, caso contrário, considerar-se-á para todos os efeitos como PROVA ILÍCITA.

Ainda, de acordo com a norma jurídica retro falada, se a interceptação telefônica se der sem autorização do juiz, será considerada uma prova ilícita, podendo, contudo, ser admitida pela

---

[67] **Fonte legal:** Art. 5º, *caput* e inciso LVI, da Constituição Federal de 1988.

defesa no processo penal, nos termos do artigo 10 da citada lei.

DO DIREITO DE NÃO SER CULPADO ATÉ O TRÂNSITO EM JULGADO DA SENTENÇA[68]

Tem o homem ou a mulher, na condição de cidadão/cidadã, o DIREITOCONSTITUCIONAL de ser considerado culpado somente após a conclusão do processo, e depois de esgotados todos os recursos possíveis que tenham tido o intento de alterar a decisão que foi proferida pelo julgador (juiz ou tribunal), isto é, qualquer pessoa só será considerada culpada quando houver o chamado **trânsito em julgado da sentença**.

Após chegar ao seu fim, e não havendo mais possibilidade de as partes ajuizarem algum recurso para modificar a decisão, considerando que o prazo para interpor os recursos se esgotou, diz-se que a sentença teve o seu **"trânsito em julgado"**. Com o trânsito em julgado o processo será definitivamente arquivado.

A título de melhor esclarecimento, quando o juiz profere sua decisão em um processo, a sentença somente será **definitiva** depois de esgotado o prazo fixado na lei para a interposição de **recurso**, pois, até o final deste prazo poderá a parte insatisfeita com a decisão judicial interpor algum recurso para a instância superior (Tribunal) com o intuito de modificar a sentença penal condenatória.

Somente depois do **trânsito em julgado da sentença**, ou seja, não havendo mais prazo para a interposição de recursos, é que o réu poderá serconsiderado **culpado** perante à lei, e desse modo, passar a cumprir a pena que lhe tenha sido imposta pelo julgador.

Enquanto não esgotar todos os prazos para efeito de interposição de recursos contra a sentença dada pelo juiz, haverá a chamada **presunção deinocência** do réu. Ainda que o réu confesse de imediato o crime.

A presunção de inocência é secular, pois a Declaração dos Direitos do Homem e do Cidadão, editada na França nos idos de 1789, já textualizava que:

---

[68] **Fonte legal:** Art. 5º, *caput* e inciso LVII, da Constituição Federal de 1988.

Todo homem se presume inocente até ser declarado culpado.

De ressaltar que **processado** não é o mesmo que ser **condenado**. Alguém pode ser processado pela Justiça, e ao final do processo ser **absolvido por falta de provas** ou mesmo **declarado inocente** quanto ao crime praticado. Quem vai dizer se o réu é verdadeiramente culpado é o julgador na sentença, e esta só tem sua eficácia depois do trânsito em julgado (quando não houver mais recurso para modificá-la). Antes do trânsito em julgado, o réu é, para todos os efeitos, inocente.

DO DIREITO DE NÃO SER SUBMETIDO À IDENTIFICAÇÃO CRIMINAL[69]

Tem o homem ou a mulher, na condição de cidadão/cidadã, o DIREITO CONSTITUCIONAL de não ser submetido à **identiflcaçao criminal** se for **civilmente identificado**, isto é, aquele que tem endereço certo, profissão, filiação e estado civil conhecidos não podem sofrer **constrangimentos** pelas autoridades policiais obrigando-o a apor suas impressões digitais sobre a folha de identificação. Salvo, é óbvio, os casos previstos na lei.

A identificação criminal comumente é feita pelos órgãos oficiais de investigação policial, e normalmente dá-se por meio do processo de **datiloscopia** que é o colhimento ou coleta das *impressões digitais* em um papel, contudo, de acordo com a Constituição Federal, para que não haja constrangimentos ao investigado, ela, a **identificação criminal** só deve serrealizada se o cidadão não for **civilmente identificado**.

São motivos plausíveis para que os órgãos estatais realizem a identificação criminal utilizando o **processo datiloscópico**:

- se o indiciado (suspeito) **não possuir**, no momento da investigação, qualquer documento que possa lhe identificar.

- se **houver alguma dúvida** quanto à autenticidade (veracidade) dos documentos que o indiciado apresentar no momento dainvestigação.

Portanto, a **identificação criminal datiloscópica** sem observação da identificação civil da pessoa gera **constrangimento ilegal**, pois se o cidadão pode ser identificado por documentos hábeis ou autênticos (RG, CPF, CTPS, CNH, Título Eleitoral, etc), que não sejam objetos de dúvidas quanto à sua **autenticidade**, não há razão para fazer-se o processo datiloscópico do indivíduo.

---

[69] **Fonte legal:** Art. 5º, *caput* e inciso LVIII, da Constituição Federal de 1988.

DO DIREITO À AÇÃO PRIVADA SUBSIDIÁRIA DA AÇÃO PÚBLICA[70]

Tem o homem ou a mulher, na condição de cidadão/cidadã, o DIREITO CONSTITUCIONAL de intentar uma **ação penal privada** (queixa-crime), quando o representante do Ministério Público (Promotor de Justiça) não intentar, no prazo que a lei determina, a **ação penal pública** (denúncia) em se tratando de CRIME DE AÇÃO PÚBLICA (aquele que o Promotor tem, porlei, obrigação de oferecer a **denúncia**, e desse modo, instaurar o respectivo processo penal para a apuração e consequente condenação do infrator).

O **crime de ação pública**, portanto, é aquele em que o fato delituoso chegando ao conhecimento do Ministério Público (Promotor de Justiça), através de **inquérito policial** ou **outro expediente informativo**, por dever legal, a citada autoridade tem obrigação de instaurar o processo, denunciando o suposto acusado, e **independentemente da vontade do ofendido**.

No entanto, se o Promotor de Justiça chegar a apresentar desídia ou morosidade, e desse modo, não demonstrar interesse em instaurar o devido processo no prazo que a lei estabelece, por meio de uma **denúncia formal**, poderá o cidadão (ofendido ou seu representante legal) ajuizar uma **ação penal privada** (queixa-crime). É o que se denomina de **ação privada subsidiária da pública**.

Apesar do direito constitucional do cidadão de poder intentar a **ação privada** (queixa-crime), em razão da inércia do Ministério Público, vale dizer, da negligência demonstrada pelo Promotor de Justiça em denunciar o acusado, ainda assim, de acordo com a Lei Penal, o representante doMinistério Público poderá acompanhar a queixa-crime e com isso **aditá-la** (acrescentar alguma coisa), **repudiá-la** (rejeitá-la) ou mesmo **oferecer denúncia substitutiva** (em substituição à queixa-crime), neste último caso se o autor da queixa também chegar a ser negligente e não der andamentonormal ao processo.

Pelo discorrido acima, de perceber que, como o Promotor de Justiça tem a obrigação legal de oferecer a **denúncia** diante do fato cometido, se não o fizer no prazo legal, o cidadão (vítima) não será

---

[70] **Fonte legal:** Art. 5º, *caput* e inciso LIX, da Constituição Federal de 1988.

prejudicado uma vez que pode acionar a justiça por meio da **ação privada**.

Se o Promotor **não possuir atribuições legais** para atuar no processo, ou **estiver impedido de atuar** por algum motivo justificado (exemplo: parentesco ou amizade com a vítima ou acusado), deve remeter os autos do processo para outro órgão competente do Ministério Público. Contudo, se tiver atribuições ou estiver desimpedido, não pode se esquivar de instaurar o processo através da denúncia. Se não o fizer, consoante frisado acima, o ofendido poderá fazê-lo em seu lugar.

Em regra, o prazo estabelecido por lei para que o Ministério Público, através da Promotoria, ofereça a denúncia, após o recebimento da peça informativa sobre o crime (inquérito), é de **cinco dias** se o acusado estiver preso, ou de **quinze dias**, se o acusado estiver solto.

De destacar que o cidadão, isto é, a vítima, tem o prazo legal de **seis meses** para ingressar com a ação privada subsidiária da pública, ou seja, para entrar com a **queixa-crime**. Tal prazo deverá ser contado a partir do esgotamento do prazo (cinco ou quinze dias) que o Promotor tem para fazer a denúncia.

Finalmente, como se trata de **crime de ação pública**, em que o Promotor de Justiça tem a obrigação legal de oferecer a **denúncia**, mesmoo cidadão (vítima) não apresentando a **queixa-crime** em razão de ele, o promotor, não ter feito no devido prazo, o representante do Ministério Público poderá denunciar o acusado a qualquer tempo, desde que a **punibilidade** do crime não tenha sido ainda extinta, já que todo crime pode sofrer os efeitos da **prescrição**, que é a **perda do direito de ação** (o promotor não poderá mais denunciar), nos termos da lei penal.

48

DO DIREITO À PUBLICIDADE DOS ATOS PROCESSUAIS[71]

Tem o homem ou a mulher, na condição de cidadão/cidadã, o DIREITOCONSTITUCIONAL à publicidade dos **atos processuais**. Os atos praticados nos processos pelas autoridades que compõem a justiça (juízes, desembargadores, ministros de Tribunais) deverão ser públicos, **jamais a portas fechadas**, muito menos com impedimento ao acesso pelos cidadãos em geral.

Os atos processuais praticados em segredo, acarreta infringência aos princípios constitucionais da LEGALIDADE e da PUBLICIDADE. Excepcionando-se somente os casos nos quais a **defesa daintimidade** ou o **interesse social** o exigirem.

A nossa Constituição prima pela fundação de um **Estado Democrático de Direito**, ou seja, um Estado fundamentado na Constituição e na lei, a ser moldado e preservado por todos que estão à frente dos órgãos públicos, principalmente dos órgãos judiciários (Justiça).

Nesse sentido, todos os julgamentos do Poder Judiciário devem ser **públicos**, isto é, a portas abertas para o acesso e conhecimentos de todos os cidadãos, sem distinção de qualquer natureza. A menos aqueles atos praticados que, conforme dito, envolvam a intimidade das pessoas ou que estejam em jogo o interesse social.

Certamente o magistrado, por ser livre na apreciação dos casos concretos que lhe chegam às mãos através dos processos, e com base na legislação pertinente, é quem vai definir se realmente se cogita de uma situação que envolva a **intimidade** ou de um evidente **interesse social**.

Em sintonia e complementação às disposições constitucionais supra mencionadas, de que os atos processuais devem ser públicos, a Constituição estabelece no inciso IX do artigo 93 que: **"todos os julgamentos dos órgãos do Poder Judiciário serão públicos (...)"**, pelo que poderá, de acordo com o citado comando legal, se **o interesse público** o exigir, a lei limitar a presença, em determinados atos, às

---

[71] **Fonte legal:** Art. 5°, *caput* e inciso LX, da Constituição Federal de 1988.

próprias partes (autor e réu) e a seus advogados, ou somente a estes.

É comum os magistrados realizarem as **audiências** a portas fechadas, até mesmo para facilitar o andamento rápido dos trabalhos, no entanto, não poderá haver **obstáculos** sem justificativa de natureza legal ao acesso de quaisquer pessoas à sala de audiências, já que os atos processuais deverãoser totalmente **públicos**.

Um exemplo prático de publicidade dos atos processuais está no Tribunal do Júri. Todos os seus atos têm sido públicos do início até o fim do julgamento, com exceção, do momento no qual os jurados se isolam com o intuito de exprimir o seu voto. Inobstante a apuração dos votos e o chamado **veredicto** (resultado da votação) serão públicos, sob penal de nulidade.

49

DO DIREITO DE SER PRESO APENAS EM FLAGRANTE DELITO OU POR ORDEM ESCRITA DE AUTORIDADE JUDICIAL[72]

Tem o homem ou a mulher, na condição de cidadão/cidadã, o DIREITOCONSTITUCIONAL de somente ser preso/a quando for pego em **flagrante delito** ou por **ordem escrita e fundamentada de autoridade judiciária competente**. Fora dessas duas hipóteses não pode o cidadão ter a sua liberdade privada, sob pena de ocorrer **constrangimento ilegal** e consequentemente **arbitrariedade da autoridade coatora** (autoridade que praticou o ato) que poderá ser responsabilizada pela prisão.

De acordo com a Lei Processual Penal, é considerado em **flagrante delito** as seguintes situações:

- a pessoa é flagrada, ou seja, surpreendida por alguém no momento em que está cometendo a infração penal (crime).

- a pessoa acabou de cometer o crime (por lógica, presenciado por outras pessoas)

- a pessoa é perseguida, logo após o fato delituoso (crime), pela **autoridade** (polícia), pelo **ofendido** ou por **qualquer pessoa** (populares), quando se tem uma presunção (quase certeza) de foi ela quem praticou o crime.

- a pessoa é encontrada, logo depois da infração penal, com **instrumentos**, **armas**, **objetos** ou **papéis** que se tenha uma presunçãoquase certa de ser ela quem praticou o crime.

Fora das hipóteses legais acima transcritas não há falar em **flagrante delito**, e a prisão passa a ser **arbitrária**, ou seja, **ilegal**, devendo ser imediatamente **relaxada** pela autoridade responsável (delegado de polícia, juiz, desembargador, ministro de tribunal).

De destacar que, hierarquicamente, se o delegado de polícia se negara relaxar a prisão, deve-se recorrer à autoridade imediatamente

---

[72] **Fonte legal:** Art. 5º, *caput* e inciso LXI, da Constituição Federal de 1988.

superior (juiz) que fará o devido relaxamento.

A segunda situação de prisão, isto é, quando não se tratar de prisão em flagrante, somente pode ocorrer por **ordem escrita** (mandado de prisão) de uma **autoridade judiciária competente** (juiz, desembargador ou ministrode tribunal). E mesmo nesse caso, a ordem expedida pela autoridade judiciária tem que ser devidamente **fundamentada** (motivos justificados).

A ordem de prisão da autoridade judiciária somente acontece por imperiosa necessidade processual, de que seja decretada a **prisão temporária** (medida provisória) ou **prisão preventiva** (proteção).

Na **prisão temporária**, que é regida pela Lei n. 7.960/1980, o juiz determina que o acusado fique preso por um período de **cinco dias**, que podem ser prorrogados (estendidos) por mais alguns dias, ou então, por um período de **trinta dias**, nesse caso se o crime praticado for considerado **hediondo** (que causa horror, um crime de grande proporção ou que provocagrande indignação moral). Exemplo: estupro seguido de morte; pedofilia, etc).

De acordo com a citada lei, a **prisão temporária** ocorre somente se o juiz entender que:

- ela é imprescindível para as investigações do inquérito policial.

- quando o indiciado (investigado) **não tiver residência fixa** ou **não fornecer elementos necessários ao esclarecimento de sua identidade**.

- quando houver fundadas razões, de acordo com qualquer prova admitida na legislação penal, de **autoria ou participação do indiciado** (investigado) nos seguintes crimes: **homicídio doloso, sequestro** ou **cárcere privado, roubo, extorsão, extorsão mediante sequestro,estupro, atentado violento ao pudor, rapto violento, epidemia com resultado de morte, envenenamento de água potável ou substância alimentícia ou medicinal qualificado pela morte, quadrilha ou bando, genocídio, tráfico de drogas** e **crimes contra o sistemafinanceiro**.

É considerada também como prisão provisória a chamada **prisão domiciliar**, regida pela Lei n. 12.403/2011, em que o juiz determina que o indiciado (investigado) ou acusado fique detido (recolhido) em sua própria casa, dela não podendo sair sem autorização judicial enquanto durar aprisão domiciliar.

Enquanto a prisão temporária tem um prazo de cinco ou trinta dias, embora possam ser prorrogadas, se houver necessidade, a **prisão preventiva** (que tem por intuito a prevenção de algo) não tem prazo previstopara a sua duração, quem vai estabelecer o seu tempo é a necessidade processual. Portanto, o indiciado (investigado) poderá ficar preso por um longo tempo, podendo ficar detido até o dia do julgamento.

Segundo as disposições da Lei 12.403/2011, a **prisão preventiva** serádecretada pelo juiz ou tribunal, nos seguintes casos:

- se o crime praticado é **doloso** (feito com intenção) punido com **pena privativa de liberdade** máxima **superior a quatro anos**.

- se o indiciado (investigado) tiver sido **condenado por outro crime doloso**, em **sentença transitada em julgado** (sentença que não comporta mais recursos para os tribunais).

- se o crime envolver **violência doméstica e familiar** contra a **mulher, criança, adolescente, idoso, enfermo** ou **pessoa com deficiência**, para garantir a execução das medidas protetivas de urgência (medidas que o juiz tenha determinado e o acusado não cumpriu).

É de fundamental importância frisar que a **prisão preventiva** pode ser substituída pela **prisão domiciliar**, pelo juiz, a qualquer tempo, desde que:

- o indiciado ou acusado tenha a idade acima de **oitenta** anos.

- o indiciado ou acusado esteja extremamente debilitado por motivo de **doença grave**.

- seja imprescindível aos **cuidados especiais** de pessoa menor de **seis anos** (criança) de idade ou com **deficiência**.

- se mulher, e esteja em estado de gestação, a partir do **sétimo mês** de gravidez ou com **gravidez de alto risco**.

No decorrer da **prisão domiciliar** o indiciado ou acusado poderá trabalhar durante o dia, sob fiscalização rigorosa tais como: **tornozeleira**

eletrônica, câmeras de segurança ou mesmo ser **vigiado por agentes policiais**.

Pelo discorrido, fora das situações acima tratadas, o juiz também não poderá decretar a prisão do acusado, razão pela qual, mesmo podendo decretar privação da liberdade do indivíduo, torna-se obrigatório que ao determinar a prisão a autoridade judiciária **fundamente a prisão**, ou seja, justifique as razões processuais pelas quais está decretando o encarceramento do cidadão.

50

DO DIREITO À COMUNICAÇÃO DA PRISÃO QUANDO ESTIVER PRESO[73]

Tem o homem ou a mulher, na condição de cidadão/cidadã, o DIREITOCONSTITUCIONAL, ao ser **detido/a** ou **preso/a** pela polícia (civil, militar ou federal) ou outro órgão estatal equivalente, assim como o **local** (delegacia, carceragem, comando militar, fórum judiciário) onde se encontra detido, de ser **imediatamente** comunicado ao **juiz competente**, à sua **família** ou auma pessoa por ele indicada.

De ressaltar que **juiz competente** é aquele que por lei tem a incumbência de julgar o delito cometido pelo acusado.

A **comunicação ao juiz** torna-se importante para que essa autoridade possa averiguar a **legalidade da prisão**, uma vez que, sendo ela **ilegal**, temo magistrado (juiz) a obrigação de determinar o seu imediato **relaxamento**.

Já a **comunicação à família** ou **a alguém indicado pelo indiciado** (investigado) ou acusado, tem relevância para que os parentes ou terceiros tomem conhecimento da detenção ou prisão, assim como, do local onde se encontra o acusado detido, e desse modo, possam seus familiares ter conhecimento do ocorrido e providenciar um **advogado** para acompanhar a investigação.

As referidas comunicações são também uma forma de dar **publicidade** à prisão realizada, ou seja, para que seja por todos conhecida, como precaução a eventuais **arbitrariedades** dos órgãos estatais (policiais).

Não se pode manter em sigilo a prisão de alguém, haja vista estarmos num **Estado Democrático de Direito**, em que deve haver o pleno respeito às normas jurídicas (leis), pois nele a autoridade máxima é a **lei** e a **Constituição**. O que em muito difere do **Estado Ditatorial** em que comumente não se respeita a lei, e tudo é feito ao bel-prazer nos porões dos órgãos policiais, que muitas vezes se valem do uso repugnante da tortura, para obter do preso a **confissão do crime**, não raro assumida para evitar a dor e o sofrimento infligido.

---

[73] **Fonte legal:** Art. 5º, *caput* e inciso LXII, da Constituição Federal de 1988.

Como a Constituição preserva, como um **direito fundamental**, o **tratamento digno ao preso**, o cidadão que for detido ou aprisionado, poderá, já na fase de inquérito (policial), ver assegurado o seu **direito de defesa** com o acompanhamento de um advogado, e também da autoridade judiciária (que irá verificar a legalidade da prisão), bem como, do acompanhamento da família.

As anteditas comunicações devem ser feitas logo após o momento em que o sujeito (cidadão) é preso, caso contrário, a **autoridade policial** (delegado) pode ser **administrativamente responsabilizada** (sofrer penalidade dos órgãos superiores no qual trabalha), bem como, **responsabilizada criminalmente** (processado pela Justiça) por **abuso de autoridade**.

51

DO DIREITO À INFORMAÇÃO DOS SEUS DIREITOS QUANDO ESTIVER PRESO[74]

Tem o homem ou a mulher, na condição de cidadão/cidadã, o DIREITOCONSTITUCIONAL, ao ser **detido/a** ou **preso/a** pela Polícia (civil, militar ou federal) ou outro órgão estatal equivalente, de ser informado de seus direitos, inclusive entre esses direitos está o de **permanecer calado**, pois o preso não é obrigado a falar para atender a pedido de quem quer que seja, ainda que este silêncio seja interpretado em prejuízo de sua pessoa, pois não está ele obrigado a produzir provas contra si mesmo.

São direitos constitucionalmente assegurados ao **preso provisório**(aquele que ainda não foi julgado por sentença de forma definitiva), entre outros:

- direito de permanecer calado.

- direito à assistência de um advogado.

- direito que sua prisão seja comunicada ao juiz competente.

- direito que sua prisão seja comunicada à sua família ou uma pessoapor ele indicada.

- direito à assistência material e afetiva da família.

- direito de respeito à sua integridade física e moral (não ser agredidofísica e moralmente pela polícia).

- direito de votar nas eleições.

Todos esses direitos permanecem assegurados, mesmo que o preso provisório venha a ser considerado **culpado**, e por isso, condenado judicialmente. No entanto, caso seja condenado pela Justiça, o preso perderá os seus **direitos políticos** (direito de votar e ser votado), de acordo com o artigo 15, inciso III, da Constituição Federal.

---

[74] **Fonte legal:** Art. 5º, *caput* e inciso LXIII (primeira parte), da Constituição Federal de 1988.

O preso não poderá ser compelido a falar, nem pela autoridade policial (delegado), nem pela autoridade judiciária (juiz). O que se subentende que, se não pode ser obrigado a falar pelo juiz (autoridade hierarquicamente superior ao delegado de polícia), muito menos poderá o delegado obrigá-loa falar, uma vez que, como dito acima, ele, o preso, não está obrigado a **produzir provas contra si**. Portanto, se preferir pode permanecer calado, tanto por ocasião do seu depoimento perante o órgão policial, quanto do interrogatório perante a autoridade judiciária.

O artigo 186 do Código de Processo Penal é taxativo em estabelecer que o juiz, antes de dar início ao interrogatório do acusado, deve a este informar sobre o seu "direito de permanecer calado e de não responder perguntas que lhe forem formuladas", isto é, o preso não está obrigado a responder às perguntas lhe dirigidas pelo magistrado. De lembrar que o direito de permanecer calado é um **direito constitucional**.

Ressalte-se também que mesmo preferindo ficar calado, o silêncio do preso não significa de maneira alguma **confissão**, e por esse motivo, o juiz não pode interpretar o silêncio em prejuízo da defesa do acusado.

É importante frisar que o Supremo Tribunal Federal já decidiu que *"o réu não pode ser constrangido a confessar a prática do delito e nem a renunciar ao seu direito ao silêncio, nem auto-incriminar-se"*, bem como, se houver eventual transgressão ao direito subjetivo do réu de ficar calado, ocorrerá a **nulidade absoluta** de todos os atos processuais posteriores ao interrogatório do acusado.

Portanto, devido à importância do direito do preso de ficar calado, acima esmiuçado, no momento de ser ouvido pela autoridades policial e judicial, estas, por **dever legal**, deve informar ao cidadão que foi detido, entre outros, do seu direito constitucional de permanecer calado, direito este, portanto, que ficará ao livre arbítrio do detido.

DO DIREITO À ASSISTENCIA FAMILIAR E JURÍDICA QUANDO ESTIVER PRESO[75]

Tem o homem ou a mulher, na condição de cidadão/cidadã, o DIREITOCONSTITUCIONAL, ao ser detido ou detida, preso ou presa, pela polícia (civil, militar ou federal) ou outro órgão estatal equivalente, de receber a **assistência de sua família** e **assistência de um advogado**.

O cidadão ao ser preso, não perde os direitos materiais básicos e imprescindíveis à sua subsistência, tais como os de: alimentar-se, tomar banho, vestir-se, ter roupa lavada, perfumar-se, receber cobertas de cama e lençóis asseados. Daí a importância do direito à **assistência material** pela família.

Ademais, os direitos à assistência afetiva dos membros da família (pais, filhos, esposa ou companheira, irmãos), serão também garantidos.

A assistência da família contribui para que o preso mantenha o seu máximo equilíbrio psicológico, uma vez que passa a entender que os seus familiares estão preocupados com ele, levando, muitas vezes, à reflexão sobre o ato infracional cometido, possibilitando-lhe a sua **ressocialização** (retorno normal ao meio social).

Se o acusado preso não tiver condições econômicas para contratar umdefensor (advogado), pessoas da família do preso, ou alguém por ele, podem solicitar ao juiz competente, e este, de acordo com a lei, lhe nomearáum advogado para acompanhar o processo até o julgamento final.

---

[75] **Fonte legal:** Art. 5º, *caput* e inciso LXIII (segunda parte), da Constituição Federal de 1988.

DO DIREITO DO PRESO À IDENTIFICAÇÃODOS RESPONSÁVEIS POR SUA PRISÃO[76]

Tem o homem ou a mulher, na condição de cidadão/cidadã, o DIREITOCONSTITUCIONAL, ao ser **detido/a** ou **preso/a**, pela Polícia (civil, militar ou federal) ou outro órgão estatal equivalente, de **identificar**:

- os responsáveis por sua prisão.

- os responsáveis por seu interrogatório na polícia.

O cidadão quando detido (preso) pelos órgãos policiais (civis, militares ou federais) tem o direito constitucional de identificar quem foram os agentesda polícia que realizaram a sua prisão, e do mesmo modo, identificar todas as pessoas (delegado, escrivão, agente da polícia civil, etc) que fizeram o seu interrogatório na polícia.

O direito à identificação das pessoas responsáveis pela prisão do indiciado (investigado), e por seu interrogatório na polícia, é uma forma de preservar a integridade física e moral do preso, já que o mesmo poderá delatar, perante o juiz competente ou órgão do Ministério Público, citando nomes, quem o maltratou no decorrer do ato da prisão ou do interrogatório, ou permanência além do tempo necessário no cárcere, bem como, de confirmar-se a legitimidade dos agentes que efetuaram a prisão e respectivointerrogatório, consequentemente a **legalidade da prisão**.

---

[76] **Fonte legal:** Art. 5º, *caput* e inciso LXIV, da Constituição Federal de 1988.

DO DIREITO DO PRESO AO RELAXAMENTO DA PRISÃO ILEGAL[77]

Tem o homem ou a mulher, na condição de cidadão/cidadã, o DIREITOCONSTITUCIONAL, ao ser detido ou detida, preso ou presa, pela polícia (civil, militar ou federal) ou outro órgão estatal equivalente, de ter a sua prisão imediatamente **relaxada** (o mesmo que afrouxada, dispensada) pela autoridade judiciária (o juiz) quando a mesma for ILEGAL, ou seja, contrária à lei.

Prisão ilegal é **prisão arbitrária**, contrária à norma jurídica (lei), com possibilidade de **relaxamento** pela autoridade judiciária.

São considerados exemplos de **ilegalidades**:

- a inobservância das formalidades do inquérito pelo delegado de polícia.

- o excesso de prazo para oferecimento da denúncia pelo promotor dejustiça, depois que o mesmo recebe o inquérito policial.

- a constatação de que não ocorreu flagrante delito.

- a ausência de motivos para a prisão preventiva.

Algumas ilegalidades tais como: falta de comunicação da prisão à família do preso, ou a comunicação da prisão ao juiz fora do prazo legal, acarreta apenas **"mera irregularidade na prisão"**, consoante têm decidido os nossos colendos Tribunais, não havendo, portanto, nesses casos o relaxamento da prisão.

Para efeito de relaxamento da prisão, é necessário ter havido **prejuízos irreparáveis** ao preso, tais como o longo excesso de prazo, isto é, prazo desproporcional na conclusão do inquérito ou oferecimento dadenúncia. Cite-se como exemplo, quando o inquérito policial não é concluídono prazo determinado por lei (em dez dias, se o réu estiver preso, ou em trinta dias, se o crime é hediondo) e perdura de modo abusivo no tempo.

---

[77] **Fonte legal:** Art. 5º, *caput* e inciso LXV, da Constituição Federal de 1988.

O Superior Tribunal de Justiça – STJ já chegou a trancar inquérito, ou seja, impediu a sua continuação por excesso no prazo de duração, em razãode o mesmo ter passado quase dez anos sem que se chegasse à sua conclusão.

Os excelsos Tribunais regionais já chegaram a decidir que uma vez estando o paciente preso há quase dez meses sem o encerramento da **instrução processual** (fase processual de ouvida do réu, da vítima, das testemunhas, etc), e não havendo evidência de a defesa do acusado ter dado causa à demora, caracteriza **constrangimento ilegal**, devendo o acusado ter sua **prisão relaxada**.

Ademais, as nossas Cortes de Justiça também relaxaram a prisão em virtude de o paciente passar quase sete meses detido, sem que houvesse o início da instrução processual.

Cabe anotar que a investigação policial, muitas vezes, é dificultada no tocante à coleta de dados imprescindíveis à instauração do processo com a denúncia, e aí, o inquérito pode arrastar-se por meses ou anos. Em razão desse motivo, o STJ, com base na legislação portuguesa, italiana e chilena, estabeleceu um prazo máximo de dois anos, para a conclusão do inquérito, devendo o Ministério Público até o final desse prazo oferecer a denúncia, ou então determinar o **arquivamento do inquérito**.

Se houver ilegalidade flagrante na prisão, de modo a causar prejuízos irreparáveis ao preso, o advogado poderá fazer um simples pedido ao juiz para que relaxe a prisão (solte o acusado), e caso a autoridade judiciária negue o pedido, poderá ser ajuizado um pedido de **habeas corpus** no Tribunal de Justiça do Estado para, desse modo, obter-se o **relaxamento daprisão**, de acordo com os artigos 647, inciso II, e 648 do Código de Processo Penal.

É bom lembrar que só existem dois motivos pelos quais alguém deve ser preso:

- **em flagrante delito** (se for pego praticando o crime ou tenha acabado de praticar, ou mesmo encontrado com os instrumentos usados no crime).

- **por ordem escrita** e fundamentada de autoridade judiciária (juiz).

Não havendo flagrante delito ou ordem escrita de autoridade, a prisão será considerada totalmente ilegal, merecendo o seu devido relaxamento.

55

DO DIREITO DO PRESO À LIBERDADE PROVISÓRIA[78]

Tem o homem ou a mulher, na condição de cidadão/cidadã, o DIREITOCONSTITUCIONAL, de não ser levado à prisão ou ser mantido ou mantida nela, quando para o fato que praticou, a lei admitir o instituto da LIBERDADE PROVISÓRIA, **com fiança ou sem fiança**. Se o tipo de crime comportar fiança (pagamento de um valor estipulado por lei), a mesma será deferida pela autoridade policial ou judicial e o acusado será solto imediatamente; se o delito não comportar fiança, e o caso for daqueles queo indivíduo se livra solto, será posto em liberdade sem o arbitramento da fiança.

Nos crimes que comportam fiança, se a pena a ele atribuída é de 1 a 4 anos, ela, a fiança será requerida ao Delegado de Polícia responsável pelas investigações, sendo o seu valor arbitrado entre 1 a 100 salários mínimos. Logo, se a pena para o fato praticado ultrapassa o limite de quatro anos, a fiança deve ser requerida à autoridade judiciária (juiz), e o seu valor será arbitrado entre 10 e 200 salários mínimos.

De ressaltar que o arbitramento da fiança pelas citadas autoridades é livre dentro do limite dos valores estabelecidos pela lei. No entanto, o arbitramento exorbitante, ou seja, que ultrapasse as condições econômicas do preso pode gerar **constrangimento ilegal**, o que deve ser corrigido pela autoridade responsável pelo atendimento da fiança, e em seguida,concedido direito à liberdade provisória ao acusado.

Para efeito de concessão de **liberdade provisória sem fiança** pela autoridade policial e judiciária, é necessário que o acusado, por meio de seu advogado, prove:

- que é hipossuficiente, isto é, que não tem condições econômicas depagar a fiança.

- que agiu sob o manto de uma das chamadas excludentes de ilicitude (legítima defesa, estado de necessidade, estrito cumprimento do deverlegal e exercício regular do direito).

---

[78] **Fonte legal:** Art. 5º, *caput* e inciso LXVI, da Constituição Federal de 1988.

- que o crime praticado é considerado inafiançável (não permite fiança).

Mesmo sendo posto em liberdade provisória (com fiança ou sem fiança), o acusado terá de cumprir algumas **obrigações legais**:

- comparecer perante a autoridade judiciária sempre que foi intimado.

- não mudar de endereço sem permissão da autoridade judiciária.

- não se ausentar do distrito da culpa (Comarca) por mais de oito dias sem prévia autorização do juiz.

De destacar que após o processo ter o seu fim (trânsito em julgado), caso o acusado seja considerado **culpado**, os valores da fiança paga serão destinados ao pagamento das custas processuais, reparar, mesmo em parte, o dano causado à vítima, ou para pagamento de multa, se tiver sido condenado também a pagá-la.

No entanto, uma vez considerado **inocente** pela autoridade judiciária, o valor da fiança será devolvido ao acusado, com juros e correção monetária.

Na verdade, a fiança é uma **figura fictícia**, posto que ela foi criadapara garantir a permanência do réu no distrito da culpa (Comarca), fato por demais ilusório do ponto de vista social.

56

DO DIREITO DE NÃO SER PRESO POR DÍVIDA[79]

Tem o homem ou a mulher, na condição de cidadão/cidadã, o DIREITOCONSTITUCIONAL, de não ser civilmente preso ou presa por **dívida** contraída. Diz-se **civilmente**, quando se refere a fatos abrangidos pelo **direito civil** (compra de um objeto, empréstimos bancários, empréstimos pessoais, etc), e não pelo **direito penal**.

Como regra, não poderá haver a **prisão** do cidadão em razão do **inadimplemento de dívida**. Deixar de pagar o que ficou devendo, não acarreta prisão.

A **prisão civil** somente acontece, se, e somente se, o indivíduo deixar de cumprir, por sua própria vontade e sem qualquer justificativa, o pagamento de PENSÃO ALIMENTÍCIA.

A prisão pelo não pagamento de pensão alimentícia é uma **exceção** no direito civil. A inadimplência de pensão alimentícia é a única situação em que o cidadão poderá ser detido com base na **lei civil**.

A prisão pelo não pagamento de pensão alimentícia tem **caráter coercitivo**, ou seja, visa forçar (obrigar) ao devedor quitar a dívida para como alimentando. Ela não tem **caráter punitivo** (punir a pessoa por algum fato praticado) como no **direito penal**.

Até bem pouco tempo, poderia o cidadão também ser preso, caso fosse considerado DEPOSITÁRIO INFIEL, ou seja, quando por determinação da lei e da Justiça ficasse **responsável** pelo depósito de algo, e que dolosamente o extraviasse. Hipoteticamente, numa dada ação de execução para obrigar o devedor a quitar uma dívida, quando este não efetuasse o pagamento, o juiz penhorava os seus bens, no todo ou em parte, para garantir o pagamento do débito, e logo em seguida nomeava o próprio devedor como **fiel depositário** (responsável), ou seja, o devedor administraria os próprios bens até ser quitada a dívida. No entanto, se o devedor não respeitasse a determinação judicial e extraviasse (vendesse, trocasse, dilapidasse)

---

[79] **Fonte legal:** Art. 5º, *caput* e inciso LXVII, da Constituição Federal de 1988 e Lei de Alimentos(Lei n. 5.478/68).

os referidos bens sem **autorização** do magistrado, seria considerado **depositário infiel**, situação fática em que seria decretada a prisão do devedor. Isso não existe mais, legalmente.

Portanto, repise-se, só existe no **direito civil**, uma única possibilidade de prisão do cidadão por dívida, é quando a pessoa estiver **inadimplente** depensão alimentícia, como forma de forçá-lo a pagar a dívida.

57

DO DIREITO AO *HABEAS CORPUS* QUANDO AMEAÇADO DE VIOLÊNCIA OU COAÇÃO[80]

Tem o homem ou a mulher, na condição de cidadão/cidadã, o DIREITOCONSTITUCIONAL ao instituto jurídico do pedido de *habeas corpus*, sempre que estiver sofrendo **violência** ou **coação** na sua **liberdade de locomoção** (liberdade de ir, vir ou ficar em qualquer lugar), ou quando se achar **ameaçado de sofrê-la**.

Em outras palavras, quando o cidadão for **preso ilegalmente** ou estiver **ameaçado de ser preso** de forma ilegal ou injusta, deverá valer-se do *habeas corpus* para impedir ou fazer parar a **ilegalidade** ou **abuso de poder** emanada da autoridade competente, seja delegado de polícia, promotor ou juiz de direito.

Assim sendo, se estiver havendo uma ilegalidade na prisão do indivíduo, ou abuso de poder de qualquer autoridade, o cidadão poderá recorrer ao juiz para pedir o **relaxamento da prisão** por uma simples **petição,** e se o magistrado negar o direito de liberdade, o preso ou alguém por ele, poderá valer-se do **habeas corpus** para garantir a sua liberdade.

O *habeas corpus* é uma garantia individual da liberdade do indivíduo, que significa **apresente o corpo**. É considerado um **remédio constitucional** para acudir alguém que esteja sofrendo **constrangimento ilegal** (atitudes contrárias à lei).

O instituto do *habeas corpus* pode ser impetrado (ajuizado) por **advogado**, pelo próprio **paciente** (pessoa que esteja sofrendo o constrangimento) ou por **qualquer outra pessoa** (parentes, amigos ou interessados), em benefício do ofendido. Trocando em miúdos, **qualquer pessoa** (advogado ou não) pode ajuizar a ação de *habeas corpus*, em favorde si ou de outra pessoa, ou seja, não é obrigado ser advogado para ajuizá-la.

A ação de *habeas corpus* não tem **modelo** definido, basta o

---

[80] **Fonte legal:** Art. 5º, *caput* e inciso LXVIII, da Constituição Federal de 1988 e Código de ProcessoPenal (Decreto-Lei n. 3.689/1941).

interessado redigi-lo transcrevendo os dados de quem está ajuizando a ação (nome, endereço, etc), dizer em favor de quem está pedindo, mencionar o fato da ilegalidade ou abuso de poder da autoridade (autoridade coatora), esclarecer que se trata de um *habeas corpus* em benefício da pessoa que está presa, e, finalmente, pedir a sua liberdade.

Autoridade coatora é aquela que age com ilegalidade ferindo a lei ou abuso de poder (delegado de polícia, promotor de justiça, juiz de direito, desembargador, etc). Por exemplo, em período eleitoral ninguém pode ser preso nos **cinco dias** que antecedem as eleições e nas **quarenta e oito horas** depois do seu encerramento, a não ser em **flagrante delito** (pego cometendo um crime). Caso isso aconteça, pode-se ajuizar um *habeas corpus* em seu favor, se a autoridade após detê-lo por algum motivo (briga, roubo, lesão corporal, etc), não o soltar de imediato.

Na sequência, se a arbitrariedade é cometida por delegado de polícia, esta é considerada a **autoridade coatora**, desse modo, entra-se com um **pedido de relaxamento da prisão** perante o juiz (instância superior), caso este negue a liberdade do preso, passa a ser a **autoridade coatora**, onde se pode entrar com o pedido de **habeas corpus** no Tribunal (instância superior), que pode ser até por **e-mail**, ou outro meio qualquer.

De ressaltar que o **impetrante** (pessoa que dá entrada no pedido) não despenderá qualquer **valor** com a impetração do *Habeas Corpus*, uma vez que tem o direito à **gratuidade da justiça**[81], ou seja, não pagará taxa ou custas judiciais.

---

[81] **Fonte legal:** Art. 5º, *caput* e inciso LXXVII, da Constituição Federal de 1988.

58

DO DIREITO AO MANDADO DE SEGURANÇA PARA PROTEÇÃO DO DIREITO LÍQUIDO E CERTO[82]

Tem o homem ou a mulher, na condição de cidadão/cidadã, o DIREITO CONSTITUCIONAL ao instituto jurídico do *mandado de segurança,* para proteger seu direito, desde que este seja LÍQUIDO e CERTO.

Direito líquido e certo é aquele direito que não deixa dúvida na sua aparência, isto é, se apresenta aos olhos do julgador de imediato. É palpável. É o direito que o magistrado (juiz) no momento que recebe a petição do *mandado de segurança*, já tem uma **certeza quase absoluta**de que realmente ele esteve violado pela **autoridade pública** (chamada pela lei de **autoridade coatora**), responsável pelo ato praticado (delegado, promotor de justiça, chefes do poder Executivo, secretários de governo, chefes ou diretores de repartições públicas, presidentes de casas legislativas, representantes de partidos políticos, etc).

Somente caberá o *mandado de segurança* quando a pessoa responsável pelo ato praticado de maneira **ilegal** ou por **abuso de poder** for**AUTORIDADE PÚBLICA** ou **AGENTE DE PESSOA JURÍDICA no exercício de atribuições do poder público**. Entenda, neste último caso, qualquer pessoa (empresa ou não) que esteja agindo em nome do poder público, ou com este tenha algum vínculo contratual.

Diferentemente do *habeas corpus*, o *mandado de segurança* só poderá ser intentado (ajuizado) por meio de advogado.

O prejudicado só recorrerá ao *mandado de segurança*, se, e somente se, o direito que pretende proteger ou reivindicar não for amparado por *habeas corpus* (garantia da liberdade) ou *habeas data* (assegudrainformações a respeito da pessoa em bancos de dados).

O impetrante (autor da ação) do *mandado de segurança* pode ser uma **pessoa física** (indivíduo) ou uma **pessoa jurídica** (empresa), que esteja sofrendo violação ou houver justo receio de sofrê-la por determinação de alguma autoridade pública.

---

[82] **Fonte legal:** Art. 5º, caput, e inciso LXIX, da Constituição Federal de 1988 e Lei do Mandado de Segurança (Lei n. 12.016, de 7 de agosto de 2009).

Importante frisar que é incabível o mandado de segurança contra **atos de gestão comercial** praticados por administradores de **empresas públicas** (Correios, Caixa Econômica Federal, e outras), de **sociedades de economia mista** (Banco do Brasil, Banco do Nordeste do Brasil, etc) e de **concessionárias de serviço público** (empresas como: Vivo, Claro, NET, Oi).

Se a ameaça ou violação atingir **várias pessoas** ao mesmo tempo, qualquer uma delas poderá impetrar (ajuizar) o *mandado de segurança* paraproteger o direito de todas.

O impetrante tem o **prazo** improrrogável de **cento e vinte dias** para ajuizar o *mandado de segurança*, contado a partir do conhecimento do ato praticado pela autoridade ou agente público.

Nos casos de **urgência**, permite-se que o *mandado de segurança* seja ajuizado por meio de **telegrama**, **radiograma**, **fax** ou **outro meio eletrônico** (e-mail, WhatsApp, etc), de autenticidade comprovada. No entanto, uma vez utilizado um desses meios, é obrigatório o encaminhamento ao juiz, no prazo de **cinco dias úteis seguintes**, da **petição original** do mandado de segurança.

De ressaltar que não é cabível o *mandado de segurança* nas seguintessituações:

- se em relação ao ato praticado couber **recurso administrativo** com **efeito suspensivo** (exemplo: numa lei municipal consta que naquele ato praticado pelo secretário cabe um recurso administrativo para o prefeito, com efeito suspensivo, ou seja, o ato ficará suspenso até o prefeito julgar a sua legalidade).

- se o ato for praticado por uma autoridade judiciária (juiz, desembargador, etc), e couber contra ele um **recurso judicial** com **efeito suspensivo**.

- se o ato praticado for originário de uma **decisão judicial** (sentença, acórdão, etc) que já tenha **transitado em julgado**, ou seja, porque em relação a ela não cabe mais nenhum **recurso**, pois o processo chegou ao seu fim).

Caso os **documentos comprobatórios** (portarias, registros em livros, contratos, decretos, etc) do ato praticado pela autoridade ou agente público esteja em poder destes, o juiz poderá, a **requerimento** do impetrante ou mesmo de **ofício** (por conta própria) solicitar a apresentação do original ou acópia dos referidos documentos, no prazo de **dez dias**.

Se o mandado de segurança for impetrado para garantir o direito ao pagamento de **vencimentos** ou **vantagens pecuniárias** (abonos, gratificações, comissões, etc), a servidores públicos **federais**, **estaduais** ou **municipais**, o referido pagamento será efetuado apenas em relação às prestações que se vencerem a partir da data em que a ação do mandado desegurança foi ajuizada, ou seja, mesmo tendo valores a receber, referentesa períodos anteriores à citada data, não será possível obter o pagamento por meio do mandado de segurança, devendo o autor valer-se de uma **ação de cobrança** ou equivalente para assegurar o seu direito, consoante odetermina o § 4º do artigo 14 da Lei n. 12.016, de 7 de agosto de 2009.

Importante destacar que o mandado de segurança tem **prioridade** sobre todas as demais ações judiciais, com exceção unicamente do *habeas corpus*.

DO DIREITO AO MANDADO DE INJUNÇÃO NA AUSÊNCIA DE NORMA REGULAMENTADORA[83]

Tem o homem ou a mulher, na condição de cidadão/cidadã, o DIREITO CONSTITUCIONAL ao instituto jurídico do *mandado de injunção*, sempre que a **falta de norma regulamentadora** torne inviável o exercício dos **direitos** e **liberdades** garantidos pelas normas da Constituição Federal, como também, nos casos em que seja impossível o exercício de normas referentes à **nacionalidade**, à **soberania** e à **cidadania**.

Em miúdos, quando, para exercitar-se os direitos existentes na Constituição Federal, seja necessário a edição de uma **lei** ou de um **decreto** pelos poderes Legislativo ou Executivo, e estes, por algum motivo **injustificado**, ainda não tenham promovido a devida **regulamentação** (aprovação da lei ou edição do decreto), deverá o cidadão, intentar o *mandado de injunção* para que a justiça, com brevidade, determine o **exercício do seu direito** constitucionalmente estabelecido, em razão de ter sido prejudicado por falta da citada **norma regulamentadora** (lei ou decreto).

As normas contidas na Constituição Federal, muitas vezes são incompletas, e por isso, precisam de uma **regulamentação**, ou seja, que os poderes **Executivo** (presidente da República) ou **Legislativo** (câmara dos deputados ou senado, ou os dois em conjunto), aprovem uma **lei** ou editem um **decreto**, conforme a exigência da referida norma. Se a norma exigir que a regulamentação se dê através de uma lei, aprova-se a lei; se exige um decreto, deve-se editar o decreto. Só assim, o direito do cidadão estará assegurado.

No entanto, caso o Poder Legislativo (câmara ou senado) ou o Poder Executivo (presidente da República) não tomem a iniciativa de fazer a **regulamentação**, ou seja, sejam omisso, o cidadão, poderá ajuizar um *mandado de injunção* para que o Poder Judiciário lhe assegure o direito pleiteado, e de imediato obrigue o poder competente e responsável pela aprovação da lei a editá-la.

---

[83] **Fonte legal:** Art. 5º, *caput* e inciso LXXI, da Constituição Federal de 1988 e Lei do Mandado deInjunção (Lei n. 9.265, 12 de fevereiro de 1996).

Nesse sentido, o *mandado de injunção* é para garantir o exercício dos **direitos** ou **liberdades** concedidos pela Constituição a qualquer pessoa, assim como, das prerrogativas que dizem respeito à **nacionalidade**, à **soberania** ou à **cidadania**.

A título de exemplo, o texto da Constituição no seu artigo 5º, inciso LXXI, estabelece que:

Art. 5º (...)

LXXI - são gratuitas as ações de *"habeas-corpus"* e *"habeas-data"*, e, **na forma da lei**, os **atos necessários ao exercício da cidadania**.

No entanto, apesar de a Constituição assegurar o direito à gratuidade dos **"atos necessários ao exercício da cidadania"**, no seu artigo 5º, inciso LXXI, para que uma pessoa tenha direito à citada **gratuidade**, deverá existir a **lei** regulamentando a norma da Constituição. Essa lei é quem vai definir quais são os *atos necessários ao exercício da cidadania*.

Com tal objetivo, esteve aprovada a Lei n. 9.265, de 12 de fevereiro de 1996, que regulamentou a matéria, dando uma definição no seu artigo 1º, dos *atos necessários ao exercício da cidadania*, quais sejam:

- os que capacitam o cidadão ao exercício da **soberania popular**, a que se reporta o art. 14 da Constituição, isto é, os que dizem respeito ao **plebiscito**, **referendo** e **iniciativa popular**.

- aqueles referentes ao **alistamento militar**.

- os **pedidos de informações ao poder público**, em todos os seus âmbitos, objetivando a instrução de defesa ou a denúncia de irregularidades administrativas na órbita pública.

- as ações de **impugnação de mandato eletivo** por abuso do poder econômico, corrupção ou fraude.

- quaisquer **requerimentos ou petições** que visem as garantias individuais e a defesa do interesse público.

- o **registro civil de nascimento** e o **assento de óbito**, bem como a primeira certidão respectiva.

- o **requerimento e a emissão de documento de identificação específico**, ou **segunda via**, para pessoa com transtorno do espectro autista.

Em assim sendo, com a edição da mencionada Lei n. 9.265/1996, o direito ao exercício da cidadania ficou devidamente regulamentado, e por esse modo, não é necessário o cidadão ajuizar um ***mandado de injunção*** para assegurar o referido direito de obrigar o poder competente a editar a lei correspondente.

Cabe ressaltar, finalmente, que se existir alguma lei (ou decreto) regulamentando a matéria tratada na Constituição, não caberá o ajuizamento de *mandado de injunção*, podendo o cidadão com base nela e na Constituição buscar o seu **inalienável direito**.

60

DO DIREITO AO *HABEAS DATA* PARA O CONHECIMENTO DE INFORMAÇÃO OU RETIFICAÇÃO DE DADOS PESSOAIS[84]

Tem o homem ou a mulher, na condição de cidadão/cidadã, o DIREITOCONSTITUCIONAL ao instituto jurídico do *habeas data*, para assegurar o **conhecimento de informações** relativas à sua pessoa, existentes em **bancos de dados** (arquivos) nas repartições públicas em geral e nas entidades privadas de caráter público (exemplo: cartórios extrajudiciais, escolas, universidades, Serasa, SPC, etc), ou ainda para **retificação de dados** que estejam errados ou imprecisos, quando não queira exercê-lospor outros meios adequados, isto é, através de **processo administrativo**(na própria repartição) ou **processo judicial** (na Justiça).

Cabe anotar que a ação de *habeas data* é **gratuita**, o impetrante nada pagará aos órgãos do Poder Judiciário.

Ressalte-se que ao solicitar as **informaçõe**s ou **retificações** nos bancos de dados, não é necessário demonstrar que é para a defesa de direitos ou instruir algum processo administrativo ou judicial, pois o requerente tem pleno direito de solicitar as citadas informações ou retificações sem esclarecer os **motivos** pelos quais tem interesse.

Portanto, se o cidadão tiver requerido de forma administrativa, e o órgão público ou entidade privada de caráter público negado o fornecimento das informações ou retificações requeridas, o interessado poderá impetrar um *habeas data* para que o juiz determine o atendimento do pedido que fora negado.

As entidades públicas e privadas de caráter público não podem negar opedido do requerente (cidadão), em nome da **segurança da sociedade** ou do **Estado**, pois os dados dizem respeito privativamente à pessoa do requerente, que é o próprio titular do direito de informação ou retificação.

É um contrassenso negar ao cidadão o direito de acesso aos seus dados particulares ou pessoais.

---

[84] **Fonte legal:** Art. 5º, *caput* e inciso LXXII, da Constituição Federal de 1988 e Lei do *Habeas Data* (Lei n. 9.507, 12 de novembro de 1997).

A justificativa do órgão ou entidade privada de que a segurança da sociedade ou do Estado estaria comprometida, com o fornecimento das informações ou retificações pleiteadas, somente teria sentido se prejudicasse ou causasse algum dano a **terceiros** ou aos **órgãos do Estado**, o que não é o caso.

A ação de *habeas data* é **personalíssima**, isto é, somente a pessoa doimpetrante poderá dela valer-se para solicitar as informações ou retificações.No entanto, não é uma regra absoluta, pois, a título de exemplo, cite-se o caso de os **herdeiros** do falecido poderem ajuizá-lo com o fito de obter informações ou retificar dados privados do morto.

61

DO DIREITO À AÇÃO POPULAR PARA ANULAÇÃO DE ATO LESIVO AO PATRIMÔNIO PÚBLICO, À MORALIDADE ADMINISTRATIVA, AO MEIO AMBIENTE E AO PATRIMÔNIO HISTÓRICO E CULTURAL[85]

Tem o homem ou a mulher, na condição de cidadão/cidadã, o DIREITOCONSTITUCIONAL de propor **ação popular**, com a finalidade de anular qualquer **ato lesivo** ao Patrimônio Público da União, dos Estados, do Distrito Federal ou dos Municípios, ou de alguma entidade de que o Estado participe.

Cabe *ação popular* para anular **atos** ou **contratos** administrativos **ilegais** praticados, e punir os agentes públicos responsáveis, por atos lesivos que dizem respeito à:

- MORALIDADE ADMINISTRATIVA

- MEIO AMBIENTE

- PATRIMÔNIO HISTÓRICO E CULTURAL

Portanto, qualquer cidadão tem **legitimidade** para ajuizar uma *ação popular*, pois esta possibilita a **fiscalização** dos negócios realizados pelos órgãos do Estado, com vistas à **proteção da moralidade administrativa**, assim como, **corrigir atos que causem lesão** ao patrimônio público, ao meio ambiente e ao patrimônio histórico e cultural.

No entanto, para que o cidadão possa valer-se da ação popular, tem que estar em pleno gozo de seus direitos políticos, haja vista que se faz necessário embasar a ação com o **título eleitoral**.

A ação popular é considerada pelos estudiosos do direito constitucional, como um **instrumento de participação política** de grande relevância à proteção do patrimônio público. Ela poderá ser proposta de modo **preventivo** (ajuizada antes da ocorrência do fato,

---

[85] **Fonte legal:** Art. 5º, *caput* e inciso LXXIII, da Constituição Federal de 1988 e Lei n. 4.717, de 29de junho de 1965.

objetivando evitar-se uma lesão) ou **repressivo** (ajuizada depois da ocorrência do fato, objetivando o ressarcimento dos danos causados).

Nesse caso, poderá o cidadão, de acordo com a Lei n. 4.717/65, utilizar a ação popular com a finalidade de anular os atos lesivos ao patrimônio público da União, dos estados, do distrito federal e dos municípios, quando constatar o seguinte:

- **incompetência:** que fica caracterizada quando o ato não se incluir nas atribuições legais do agente que o praticou.

- **vício de forma:** que consiste na omissão ou na observância incompletaou irregular de formalidades indispensáveis à existência ou seriedade do ato.

- **ilegalidade do objeto:** que ocorre quando o resultado do ato importa em violação de lei, regulamento ou outro ato normativo.

- **inexistência dos motivos:** que se verifica quando a matéria de fato ou de direito, em que se fundamenta o ato, é materialmente inexistente ou juridicamente inadequada ao resultado obtido.

- **desvio de finalidade:** que se verifica quando o agente pratica o ato visando a fim diverso daquele previsto, explícita ou implicitamente, na regra de competência.

Cabe destacar que o autor da ação popular ficará isento de **custas judiciais** (não pagará as despesas do processo) e do **ônus da sucumbência** (pagamento de honorários do advogado da parte contrária, arbitrados pelo juiz, por quem perde a ação).

A gratuidade ou dispensa de pagamento de custas judiciais pelo autor da ação popular, será reconhecida apenas se o seu autor não incorrer em **litigância de má-fé**, ou seja, propor ação sabendo que não tem o direito, visando apenas prejudicar a outra parte.

62

DO DIREITO À ASSISTÊNCIA JURÍDICA
PELO ESTADO[86]

Tem o homem ou a mulher, na condição de cidadão/cidadã, o DIREITOCONSTITUCIONAL à **assistência jurídica integral e gratuita**, quando não disponha de recursos financeiros suficientes para arcar com as **despesas** do processo judicial e com a **contratação de advogado particular**.

O Estado, por meio de seus órgãos (Defensoria Pública, Assistência Judiciária, etc), assim como, os órgãos do Poder Judiciário, tem obrigação legal de dar **assistência jurídica gratuita** a todas as pessoas **hipossuficientes** (pobres na forma da lei) ou que, mesmo não sendo pobres, mas estejam passando por situação econômica comprovadamente difícil.

Ninguém pode ficar impedido de buscar ou defender os seus direitosna Justiça em razão de problemas econômico-financeiros. É a consagração ao **direito de acesso à Justiça**.

De ressaltar que, ainda que tendo **bens** e **salário** fixo, desde que as despesas com o processo cheguem a prejudicar o **sustento próprio e da sua família**, não deixará o cidadão de ter a **concessão da justiça gratuita** pelo competente órgão do Poder Judiciário (federal ou estadual).

De acordo com o atual Código de Processo Civil, tanto a **pessoa física** (cidadão) quanto a **pessoa jurídica** (empresa), quer sejam brasileiras, quer estrangeiras, se estiverem em estado de **pobreza** (hipossuficiência) ou com **insuficiência de recursos** (sem dinheiro) para arcar com as custas e as demais despesas processuais, assim como, pagar honorários a um advogado, têm as mesmas o direito à **gratuidade da justiça**.

Portanto, a pessoa desprovida de recursos financeiros ou proprietária de uma empresa em estado de insuficiência de recursos, caso necessite de ingressar com uma ação judicial, pode se dirigir a uma Defensoria Pública, ou ao próprio juiz e deste solicitar a assistência

---

[86] **Fonte legal:** Art. 5º, *caput* e inciso LXXIV, da Constituição Federal de 1988 e Lei n. 1.060, de 5de fevereiro de 1950.

judiciária gratuita.

A **gratuidade da justiça** no processo, segundo o artigo 98, § 1º, do Código de Processo Civil, abrange as taxas ou as custas judiciais; os selos postais; as despesas com publicação na imprensa oficial; as despesas com exame de DNA ou outros exames e laudos médicos; os honorários de advogado e do perito; a remuneração de intérprete ou tradutor de línguas nomeado pelo juiz para apresentação de versão de texto ou fala em português; custos com a memória de cálculos nos processos de execução de valores a receber; os depósitos (denominados de **preparo**) previstos em lei para interposição de recurso para o Tribunal e, finalmente, os **emolumentos** (gastos) devidos a notários ou registradores de Cartórios extrajudiciais (cartórios particulares), referentes a **registro**, **averbação** ou qualquer outro **ato notarial** necessário à efetivação de decisão judicial ou à continuidade de processo judicial no qual o benefício tenha sido concedido.

Se por acaso, o autor da ação judicial vier a perder a questão em juízo, mesmo que lhe tenha sido concedido a justiça gratuita, não estará dispensado de arcar com as despesas processuais e dos honorários do advogado da parte contrária (que ganhou a causa), no entanto, ficará suspensa a exigibilidade do pagamento das despesas e dos honorários pelo autor da ação, durante os **cinco anos** subsequente à decisão judicial transitada em julgado (aquela que não comporta mais recurso), podendo, portanto, dentro desse prazo serem cobrados pelo credor, caso este venha provar que o perdedor da ação passou a ter condições econômicas para quitar sua dívida (despesas e honorários advocatícios). Passados os prefalados cinco anos, o devedor não mais terá a obrigação de pagar a mencionada dívida.

De ressaltar que, conforme a condição financeira do autor da ação, o juiz poderá conceder-lhe o **parcelamento** das despesas processuais.

A alegação em juízo de insuficiência de recursos pela parte no processo, feita por uma **pessoa física**, presume-se verdadeira, até prova em contrário de suas favoráveis condições econômicas.

Ademais, se a parte tiver assistida por um **advogado particular** não é motivo para a denegação do pedido de justiça gratuita pleiteado por ela.

63

DO DIREITO À INDENIZAÇÃO POR ERRO JUDICIÁRIO[87]

Tem o homem ou a mulher, na condição de cidadão/cidadã, o DIREITOCONSTITUCIONAL de ser **indenizado pelo Estado**, caso seja condenado pela justiça, e esta, em razão do julgamento, tenha cometido um ERRO JUDICIÁRIO.

Se alguém for **condenado sem culpa**, e tempos depois for descobertoo verdadeiro culpado pelo delito cometido, caracteriza uma situação de **erro judiciário**, acarretando, portanto, o direito à **indenização** a ser atendido pelo Estado, como reparação pelos constrangimentos ou prejuízos morais sofridos.

Dar-se-á também o direito à indenização quando o cidadão, após julgado e condenado, estando preso, mesmo sendo culpado pelo delito, continuar com sua liberdade privada por tempo superior ao que foi fixado na sentença do Juiz. Tal situação denomina-se **excesso de prazo** ou **excesso de prisão**, pois ninguém poderá ficar preso por tempo superior ao que foi definido na sua condenação.

A indenização por **excesso de prazo** pode ocorrer também se a pessoa passar mais tempo preso do que a lei determina no decorrer das chamadas **prisões processuais** (prisões para investigação de algum fato criminoso ou por ter deixado de cumprir algo), vale frisar, durante a prisão preventiva, prisão temporária, prisão administrativa, prisão civil ou prisão disciplinar.

Importante salientar que o erro judiciário, para efeito de indenização, tem que ficar devidamente provado pelo prejudicado. O **ônus da prova** cabe exclusivamente a ele. A mera alegação não acarreta reparação por danos morais.

Vindo o preso a falecer antes de dar entrada no pedido de indenização ou mesmo durante o andamento do processo, os seus sucessores (herdeiros) podem ajuizar a **ação indenizatória**.

Uma vez reconhecido na sentença do juiz da Justiça Criminal ou mesmo no acórdão (decisão) do Tribunal o direito à indenização por erro

---

[87] **Fonte legal:** Art. 5º, *caput* e inciso LXXV, da Constituição Federal de 1988.

judiciário ou excesso de prazo, a pessoa que foi presa injustamente, de posse da citada sentença ou acórdão, pode ingressar com uma ação de indenização perante o juiz responsável pelo julgamento dos processos cíveis (processos não criminais).

Se o erro judiciário ou excesso de prisão estiver sido cometido por um juiz ou outra autoridade estadual (desembargador do Tribunal de Justiça, etc) cabe ao respectivo Estado membro (Pernambuco, Paraíba, Ceará, etc)o dever de reparar o dano; se cometido por um juiz ou outra autoridade federal (desembargador do Tribunal Regional Federal) cabe à União (governo federal) o dever de indenizar o preso.

Faz-se necessário lembrar que a indenização, no caso de erro judiciário ou excesso de prazo em relação à prisão, não somente abrange os**danos morais** pelo constrangimento acarretado pela prisão irregular (ilegal) e afetação da imagem ou honra e privação da liberdade, assim como os **danos materiais** (danos emergentes e lucros cessantes). A título de esclarecimentos, *danos emergentes* são os que o preso perdeu de imediato com a prisão (salários, vencimentos, por exemplo) e *lucro cessante* é o queo preso perdeu de ganhar por estar preso (comissões, gratificações, percentuais, a comercialização de algo, a prestação de um serviço, etc).

DO DIREITO AO REGISTRO DE NASCIMENTO E À CERTIDÃO DE ÓBITO E SUA GRATUIDADE[88]

Tem o homem ou a mulher, na condição de cidadão/cidadã, o DIREITOCONSTITUCIONAL à **gratuidade** do REGISTRO CIVIL DE NASCIMENTO e ao ASSENTO DE ÓBITO, isto é, sem que tenha de efetuar o pagamentode qualquer emolumento ou taxa aos respectivos cartórios extrajudiciais.

No que pese os cartórios extrajudiciais pertencerem a **particulares**, os mesmos são **delegados** àqueles pelo poder público, e por isso agem como se fossem órgãos da Administração Pública. Nesse sentido, eles têm uma **função social**, uma vez que prestam serviço público ao realizar o registrode pessoas naturais ou jurídicas, e expedir certidões de nascimento, de casamento ou de óbito, e até outros serviços relevantes socialmente.

No entanto, para as **pessoas naturais** terem direito ao registro civil de nascimento ou à certidão de óbito de modo gratuito, é imprescindível que sejam **hipossuficientes** (pobres na forma da lei), ou então apresentem umasituação financeira precária, ou seja, não ter nenhuma possibilidade de efetuar o pagamento das taxas e emolumentos, correspondentes aos referidos registros e aquisição das respectivas certidões, no momento de solicitá-los.

Em conformidade com as normas da Lei n. 9.534/97, o **estado de pobreza** será comprovado por **declaração** do próprio interessado ou a **rogo** (através de um substituto), caso o declarante seja analfabeto. Nesse caso, se analfabeto, alguém assinará a declaração, juntamente com duas testemunhas, em nome do interessado na expedição da certidão de nascimento ou de óbito.

Constatada inveracidade da afirmação do estado de pobreza do interessado, este responde civil (com pagamento de multa) e criminalmente (será penalizado de acordo com a lei penal).

---

[88] **Fonte legal:** Art. 5º, *caput* e inciso LXXVI, da Constituição Federal de 1988, e artigo 30, § 1º e 2º, e artigos 77 a 88 da Lei n. 6.015, de 31 de dezembro de 1973 (Lei dos Registros Públicos) e artigo 45 da Lei n. 8.935, de 18 de novembro de 1994 (Regulamenta o artigo 236 da Constituição) e disposiçõesda Lei n. 9.534, de 10 de dezembro de 1997.

Referências

AVENA, Norberto Cláudio Pâncaro. **Processo Penal para concursos públicos**. São Paulo:Editora Método, 2005.

BRASIL. Constituição (1988). **Constituição da República Federativa do Brasil**: promulgada em 5 de outubro de 1988. 15 ed. Brasília: Centro de Documentação e Informação, Coordenação de Publicações do Senado Federal, 2000.

BULOS, Uadi Lammêgo. **Direito Constitucional ao alcance de todos**. 3 ed. rev. atual. SãoPaulo: Editora Atlas S.A, 2011.

CARVALHO, Kildare Gonçalves. **Direito Constitucional. Teoria do Estado e da Constituição. Direito Constitucional Positivo**. 11 ed. rev. atual. amp. São Paulo: EditoraDel Rey, 2005.

CUNHA, Jr., Dirley da; NOVELINO, Marcelo.. **Constituição Federal. Teorias, Súmulas, Jurisprudência e Questões de Concursos**. Salvador - Bahia: Editora Podivm, 2010.

CUNHA, Rogério Sanches. **Código Penal para concursos**. Teoria, súmulas, jurisprudênciae questões de concursos. 3 rev. amp. atual. Salvador - Bahia: Editora Podivm, 2010.

Legislação pesquisada. Disponível em:
<https://www.planalto.gov.br/ccivil_03/_ato2007-2010/2010/lei/l12288.htm>. Acesso em 16 ago 2020.

MORAES, Alexandre de. **Constituição Federal interpretada e legislação constitucional.**3 ed. rev. atual. São Paulo: Editora Atlas S.A, 2002.

MORAES, Alexandre de. **Direito Constitucional**. 29 ed. rev. atual. São Paulo: Editora Atlas S.A, 2013.

SILVA, José Afonso de. **Direito Constitucional Brasileiro**. 9ª ed. rev. e atual. São Paulo:Malheiros Editores, 1993.

SYLVIO, Motta., DOUGLAS, William. **Direito Constitucional para provas e concursos.**5 ed. rev. amp. atual. Impetus. 1999.

Súmula vinculante n. 11 do STF. Disponível em: <https://portal.stf.jus.br>. Acesso em 20dez. 2021.

DADOS BIOGRÁFICOS

O autor, Inácio Antonio Gomes de Lima, nasceu na cidade de São José do Egito, Pernambuco, na data de 22 de abril de 1960, e quando começou a escrever, adotou como nome literário INACIÊ GOMES, posteriormente INÁCIO CIÊ. Desde cedo se dedicou à leitura dos grandes clássicos, debruçando-se nos livros de Machado de Assis, José de Alencar, Monteiro Lobato, Castro Alves, Gustav Flaubert, Oscar Wilde e outros.

Dedicou-se ao magistério secundário da Rede Municipal de Ensino, por escassez de professores, entre os anos de 1983 a 1987, na cidade de Itapetim, em Pernambuco, onde vive atualmente desde os nove anos de idade, pelo que veio a lecionar, durante anos, as disciplinas de Língua Portuguesa e Literatura, Direito e Legislação, OSPB e Moral e Cívica, no Magistério (pela manhã) e no Curso de Contabilidade (à noite).

Em 1987 concluiu o curso de Letras na Faculdade de Filosofia e Letras de Patos-PB, e Especialização em Letras pela Autarquia de Ensino Superior de Arcoverde-PE. Nesse mesmo ano, submeteu-se e fez jus a concurso da Rede Pública de Ensino Básico do Estado de Pernambuco, pelo que passou a dedicar-se ao magistério estadual até outubro de 2021, quando então se aposentou.

Durante o tempo em que se debruçou no magistério, com muito esforço, fez o curso de Direito na Faculdade de Direito de Caruaru, tendo-o concluído em 1997, assim como, Especialização em Direito Processual Civil pela Universidade Potiguar de Natal.

De 1 de agosto de 2008 a 4 de maio de 2016, lecionou no curso de Direito das Faculdades Integradas de Patos – FIP, de Patos, Paraíba.

Em 2015 defendeu tese de Mestrado em Ciências da Educação na Universidade Lusófona de Humanidades e Tecnologias – ULHT, de Lisboa, Portugal.

Em paralelo ao magistério dedicou-se à política, tendo sido eleito Vereador em 1988, no entanto, decepcionado abandonou-a em 1992, passando a dedicar-se integralmente ao magistério e à advocacia pública e privada. Assessorou várias Câmaras Municipais da região, na condição de assessor técnico e assessor jurídico; ocupou também os cargos de Assessor Técnico de Finanças, Secretário de Administração Geral e Procurador do Município do Governo Municipal local

Há tempos que se dedica à leitura e escrita dos mais diversos temas: direito, política, educação, literatura, filosofia e outros. Escreveu os seguintes livros:

1) Direito em Reflexão: o Estado brasileiro e seus privilégios legais;

2) Direitos Humanos: sugestões para uma pedagogia de humanização na escola pública.
3) Direitos Constitucionais Sociais do Trabalhador de Cidadania.

4) Antes do Amanhecer (poemas).

5) A cor do incolor (poemas).

6) Poemas da Vida Cotidiana (poemas).

7) Inquietações da alma (poemas)

8) O mundo dos mudos que falam, dos cegos que veem e dos surdos que ouvem (ficção).

EMAIL DO AUTOR:

- **iagdelima@yahoo.com.br**

www.ingramcontent.com/pod-product-compliance
Lightning Source LLC
Chambersburg PA
CBHW081614250726
48657CB00009B/2574